AF174326

 ¡Sssssshhhhhhhhhhh!

Haz del teatro algo íntimo

Llévalo siempre en el bolsillo

Cubierta y diseño editorial: Éride, Diseño Gráfico
Dirección editorial: ángel jiménez

Primera edición: diciembre, 2025

patriotas
© Julio Salvatierra
© VdB, 2025
Espronceda, 5
28003 Madrid

VdB®

ISBN: 979-13-87644-62-8
Depósito Legal: M-27636-2025
Diseño y preimpresión: Éride, Diseño Gráfico

Cualquier forma de reproducción, distribución, comunicación pública
o transformación de esta obra solo puede ser realizada con la autorización
de sus titulares, salvo excepción prevista por la ley. Diríjase a CEDRO
(Centro Español de Derechos Reprográficos, www.cedro.org) si necesita
fotocopiar o escanear algún fragmento de esta obra.

Cualquier representación pública de esta obra debe ser autorizada por el autor.
La autorización puede ser tramitada a través de la Sociedad General de Autores
y Editores (SGAE).

Todos los derechos reservados.

VdB® es una marca registrada de Éride, S.L.

 Este libro protege el entorno

patriotas

Julio Salvatierra

Autor, guionista, profesor y hombre de teatro con más de treinta y cinco espectáculos estrenados con los que ha obtenido galardones como el premio Ojo Crítico de Teatro en 2006, el Premio Nacional de Teatro en Portugal, o diversas nominaciones a los Max, junto a la productora que fundó. Recientemente ha obtenido el Premio Teatro de Autor de la Universidad de la Laguna y ha sido candidato al Nacional de Literatura Dramática en 2022 y 2023. Representado en veinte países, y traducido al francés, inglés, portugués, gallego y euskera. Coguionista y editor del documental «Madres, 0'15 el minuto», Biznaga de Plata en el Festival de Cine de Málaga. Director de Postproducción de «La Boda», finalista en los Goya al Mejor Corto de Ficción. Profesor de Dramaturgia y Producción. Miembro fundador de la Academia de Artes Escénicas de España. Licenciado en Interpretación (RESAD, Madrid) y en Medicina (Universidad de Granada), actualmente cursa el grado de Historia en la Universitat Oberta de Catalunya.

Entre sus últimos trabajos teatrales destacan *Patriotas*, 2022, Teatro Pérez Galdós, Las Palmas. *El viaje de Ulises*, Premio FETEN al Mejor Espectáculo y finalista en los Max 2019. *Los esclavos de mis esclavos*, 2017, Teatros del Canal. *Iberian Gangsters*, 2017, finalista Max como Mejor Musical. *Transición* (coautor), 2013, CDN, Mejor Espectáculo del año (El Mundo). *Ser o no ser*, 2012, Teatro Alcázar. *Todo es enredos amor*, CNTC. *Calisto. Romeo. La verdadera historia de los hermanos Marx. Qfwfq, una historia del universo...*

Tu sangre es deliciosa (éride ediciones, 2023) es su primer libro de relatos. *El mundo de las seis ruedas* (éride ediciones), su primera novela, se ha publicado en noviembre de 2025.

JULIO SALVATIERRA

patriotas

Esta obra se estrenó en el Teatro Pérez Galdós
de Las Palmas de Gran Canarias, el 15 de septiembre de 2022,
interpretada por Marta Viera y Saray Castro.

Dirección: Mario Vega.

Personajes
(por orden de aparición)

NICOLE
MAQUILLADORA
JANET
SOPHIE
MARIE
IVÁN
UINTILA
TEUDISELA
RONALD
MUJER MISTERIOSA
PERIODISTA 1
PERIODISTA 2
PERIODISTA 3
DETECTIVE
PERIODISTA 4

2

Escena 1.
Mitin en la plaza.

NICOLE *Wallace habla a la platea, en pleno mitin, vestida de forma sencilla.*

NICOLE (*Rápido y con energía.*) Os voy a contar un secreto: la libertad no se pide, la libertad se conquista. Y es aquí, hoy, donde vamos a empezar a conquistarla. Creedme: no os merecéis estos gobiernos corruptos e ilegítimos. Ilegítimos, sí, porque ganaron prometiendo cosas que luego no cumplen, y por eso han perdido su legitimidad. Pero es que, además, este gobierno ilegítimo abre las puertas de vuestra casa a millones de inmigrantes, muchos de ellos criminales, como nunca antes se ha hecho. Claro, es que aquí el paro es muy bajo, ¿verdad? Por supuesto... por eso no importa que vengan miles, millones de extranjeros a hacer nuestros trabajos –cuando trabajan, claro, porque muchos viven de la sopa boba, o roban, de eso hablaremos luego. A esa gente de arriba no le importa que vuestros hijos no tengan trabajo. Que tengan que vivir de sus padres, que no se puedan casar, ni tener una casa, ni formar una familia, ni tener hijos, que es lo que la mayoría de la gente normal y razonable desea. A los que están ahora no les importa nada de eso. Ahora dicen que no se puede ejercer ningún tipo de violencia en las fronteras, aunque sea para evitar un delito como es entrar en nuestro país de forma ilegal. Bueno. Pero es que ¡tampoco se pueden poner los medios pasivos para evitar que entren! No se vayan a hacer daño los delincuentes. ¡¿Y entonces, os preguntaréis: cómo se hace?! Yo os diré cómo se hace: no se hace, simplemente. Esa gente que está arriba no tiene la menor intención de hacer nada, porque la juventud les da igual. Vuestros trabajos, les dan igual. Vuestras familias, les dan igual. ¿O es que el matrimonio no ha sido siempre algo entre un hombre y una mujer? Yo no digo que no puedan existir otras combinaciones, allá cada cual, pero no son iguales y no es momento de marear la perdiz. Pretender igualar todo, en el fondo, es destruir vuestra riqueza. Porque cada uno de vosotros es especial y diferente y os necesitamos a todos: nosotros sí creemos en vosotros. Y entre todos podemos acabar con esa gente. ¡Entre todos podemos volver a levantar esta gran nación, desde cada una de nuestras ciudades! (*Jaleo, aplausos.*) Y antes de cederle la palabra a vuestro futuro alcalde, dejadme que os diga que levantar esta nación es necesario porque vamos hacia épocas oscuras. Lo estáis viendo en las noticias. Las guerras. Las crisis provocadas por burócratas en otros países, que cobran en una semana lo que vosotros en seis meses. Necesitamos un estado fuerte porque tenemos que defender lo que más nos importa: nuestras familias, nuestra gente, nuestros trabajos, nuestros hijos. Y aquí es donde vamos a empezar a conseguirlo. Ganando este ayuntamiento, con vuestro apoyo. Porque vamos a luchar pueblo a pueblo. ¡Confiad en mí, porque la libertad y la dignidad se conquistan, y hoy, aquí, os pido que nos ayudéis a conquistarlas!

(*Aplausos y jaleo. Gritos de «¡presidenta, presidenta!». Cambio de escena.*)

Escena 2.
Frente a la cámara.

> NICOLE *se cambia de ropa y ensaya frente a una cámara, para grabar un anuncio electoral, mientras una* MAQUILLADORA */vestuarista le retoca el «look».*

NICOLE   (*Concentrada, con tono televisivo, mientras la* MAQUILLADORA *trajina, cambiando vestuario, retocando peinado.*) Soy Nicole Wallace, presidenta del Partido Nacional, y quiero devolver a este país la grandeza que un día tuvo. Para hacer esto voy de frente: soy íntegra, no como otros. Digo la verdad y llamo a las cosas por su nombre. Hay gente a la que esto no le gusta, y nos critica: es normal. Porque ellos mienten y no quieren que alguien les diga la verdad a la cara. Pero yo no digo una cosa en un sitio, y otra en otro. Yo siempre diré la verdad, de frente, porque nos enfrentamos a un enemigo existencial, en todas partes. Dentro, en nuestros ayuntamientos y en el gobierno central, hay una clase de políticos profesionales, corrupta como nunca se había visto antes en esta gran nación. Fuera, el orden mundial está cambiando. Las superpotencias del Este juegan a otro juego.

No podemos quedarnos jugando a las casitas: hablando del tiempo –el clima, lo llaman ahora– y de nuestras parejas. Hay que trabajar, para devolver la grandeza de miras a nuestras vidas, y para defender y mejorar lo que tenemos. Desde el corazón os pido vuestro apoyo para lograrlo. (*A la* MAQUILLADORA.) ¿Te parece una mierda todo lo que he dicho?

MAQUILLADORA   No, presidenta, estoy con usted. Me gusta mucho todo lo que ha dicho.

NICOLE   ¿Lo de la grandeza de miras no suena a gilipollez?

MAQUILLAD.   A mí me encanta.

NICOLE   ¿Y lo de pedirlo desde el corazón?

MAQUILLAD.   La hace humana.

NICOLE   No sé si eso me tranquiliza. ¿A ti te contrató Janet?

MAQUILLAD.   Sí.

NICOLE   (*Asiente.*) Muy bien. ¿Estamos?

MAQUILLAD.   Sí, está estupenda.

NICOLE   Gracias, maja, vamos a ello.

(*Cambio de escena, luces.*)

Escena 3.
Interior teatro.

Nuevo mitin, en otro lugar, público selecto. NI-
COLE *ahora luce una apariencia elegante, habla a la platea.*

NICOLE   No es verdad todo lo que dicen de nosotros.
El Partido Nacional está abierto a todo el
mundo. Nuestro partido acoge a militantes
inmigrantes, magrebíes, africanos, de Europa del este. De cualquier parte del planeta,
porque en todo el mundo hay gente de bien.
Gente que quiere trabajar y no meterse en
líos. Esa es la gente del Partido Nacional. Los
homosexuales de nuestro partido no necesitan otra bandera para dividirlos como grupo: saben que la bandera nacional los protege y los ampara. Y es que tanta división
no funciona. La división multiplica los con-
flictos, las pérdidas de tiempo, los presupuestos, y todo esto, ¿para qué? Y no crean
que la respuesta es, simplemente, *para nada.*
No pequen de exceso de bondad pensando
que es fruto solo de la torpeza. No. Esa división responde a intereses. Los intereses
de la gente que no es capaz de abrirse paso
en un mundo profesional –como han hecho

ustedes, emprendedores, gente de la empresa–, y prefiere apuntarse al orfanato de Papá Estado, creando cuantas más sucursales, mejor. Y que conste que creo que la libertad no es igual que la des-regulación. Pero es evidente que demasiada regulación limita la libertad. Y ustedes, nosotros, todos, necesitamos libertad para crear empleo, para crear riqueza y hacer funcionar a este país. El Partido Nacional es un partido con vocación de gobierno. Es un partido serio y democrático. Pero que abracemos la democracia no quiere decir que abandonemos el pensamiento, ni el sentido común. Ni la visión de estado. Y el estado que queremos es un estado sólido, orgulloso, rico y próspero, que no se avergüenza de logros del pasado y aspira a volver a encontrarse entre las naciones que cuentan. Yo les prometo que en un futuro próximo podrán comprobar por ustedes mismos que el Partido Nacional es un partido en el que pueden confiar.

(*Cambio de escena.*)

Escena 4.
Despacho de Nicole, sede del partido.

JANET   ¿Qué tal ha ido?

NICOLE   Agotada. Menudo calendario.

JANET   Para alguien tan metódica como tú, imagino
               que debe ser duro. ¿Pero no querías ganar?

NICOLE   Vamos a ganar. ¿Qué te han parecido las gra-
               baciones?

JANET   (*Bromea.*) Una vieja pretenciosa en un galli-
               nero de pueblo.

NICOLE   (*Ríe.*) Donde me manda la peor de las direc-
               toras de campaña que ha parido madre.

JANET   Mi madre no me parió, salí yo sola.

               (*Se acercan y se saludan con rapidez.*)

NICOLE   ¿Qué tal las encuestas?

JANET   Bien. La última del gordo nos da un creci-
               miento de dieciocho puntos.

NICOLE   ¿Y la prensa?

JANET   Los medios locales encantados, en general. Y los de siempre, como siempre.

NICOLE   ¿Y tú cómo me has visto?

JANET   Un poco a lo loco.

NICOLE   Ya sabes lo que pienso. ¿Algo concreto que no te haya gustado?

JANET   ¿Desde cuándo nuestra bandera acoge y ampara a gais y lesbianas?

NICOLE   Marcos, de organización, y la tercera por la capital, lo son.

JANET   Lo sé, pero de ahí a decirlo en un mitin.

NICOLE   ¿Y qué querías que hiciera? El hijo del de Aceros Reunidos lo es.

JANET   Qué peste. ¿Y te lo pidió su padre?

NICOLE   Lo dejó caer con mucha habilidad.

JANET   Pues creo que te pasaste.

NICOLE   Yo no. Son muchos, Janet.

JANET   Pero no vamos a cambiar nuestra forma de pensar porque sean muchos.

NICOLE   No, pero es un tema menor. Y, por cierto, de tu hija también se habla...

JANET   Está jugando a chica mala. Y su padre debería darle una buena hostia, pero no se la da, porque es un huevón. Rico, pero huevón. Cualquier día se la doy yo.

NICOLE   Déjala correr.

JANET   No quiero que nos joda con sus tonterías.

NICOLE   En algunos ambientes, incluso nos haría más populares.

JANET   Ni de coña, yo paso de esos ambientes. ¿Tú también, verdad?

NICOLE   Relájate. Sí, también, pero sigo mi instinto. El anuncio ha quedado bien, ¿no te parece?

JANET   Estás bien, sí. Pero lo de meterse con los políticos profesionales nos lo pueden echar en cara.

NICOLE   ¿Lo dices porque nunca he trabajado?

JANET   Y porque tu padre y tu abuelo eran políticos de carrera.

NICOLE   Que les den. Si convenzo a trescientos y a cambio surgen treinta soplagaitas, ¿quién gana? Esto va de votos. Tenemos que diferenciarnos del resto de políticos de este país.

JANET Somos diferentes si nos mantenemos fieles a nuestras ideas. Esto también va de ideas, ¿no? Pero es estúpido mentir en lo que, justamente, somos iguales.

NICOLE Hoy te noto un poco más toca pelotas de lo habitual.

JANET Es mi trabajo. ¿Pero me estás diciendo en serio que quieres dártelas de trabajadora?

NICOLE Hacer guiños está bien. Empatizar con la gente, ¿tú no sabías eso, directora?

JANET (*Parodiando la hemiplejía.*) Los tarados hacen muchos guiños.

NICOLE Vaya día que llevas.

JANET Es lunes, y mañana llega mi hija. Necesito distraerme, ¿no te apetece que vayamos al campo de tiro esta tarde?

NICOLE Esta tarde imposible. Tengo que ponerme al día. ¿Tú sigues yendo?

JANET A veces, pegar tiros me relaja. Tu arma y tu equipo te esperan en el club.

NICOLE   En otra ocasión. ¿Qué tal le ha ido en su gira a tu hija?

JANET   Mañana me contará, supongo que como siempre: provocando.

NICOLE   ¿Qué tipo de música hacen?

JANET   El peor.

NICOLE   (*Ríe.*) Menos mal que eres su madre. ¿Pero tú la has visto tocar?

JANET   Por desgracia. *Pop-punk*, le llaman, creo. (*Tararea.*)

Mi madre es una zorra
le encantan los ratones
pulula por la granja
con gesto vigilante
y aire superior
buscando de comida
a un pobre votante
—¡ay, perdonen!—, roedor

¿Cómo lo ves? *La zorra que se creía cigarra,* se titula. Y el estribillo dice, no te lo pierdas:

qué mierda de política,
que mierda de nación,
abajo los partidos,
viva eurovisión.

(NICOLE *ríe. Cambio de escena.*)

Escena 5.
Casa de Janet.

SOPHIE, *con una maleta, y* JANET *se encuentran y se saludan.*

SOPHIE   Hola, mamá.

JANET   Hola. Hace años que no me llamabas así. ¿Qué pasa?

SOPHIE   Nada, simplemente estoy contenta y me ha salido. ¿Cómo va todo?

JANET   Va todo bien, la campaña bien, las encuestas bien, la candidata bien, estamos que nos salimos.

SOPHIE   Te preguntaba por ti, no por la campaña.

JANET   Cuando estamos en campaña, yo dejo de existir, ya lo sabes.

SOPHIE   Y como siempre estáis en campaña, tengo una mamá inexistente.

JANET   Inexistente pero pagante, ¿no? ¿Qué tal han ido esos conciertos?

SOPHIE   ¡Hemos arrasado! Mucho mejor de lo que esperábamos, ¡hemos flipado!

JANET   Me alegro, ¿mucho público, entonces?

SOPHIE   Cinco llenazos, y la gente encantada, tendrías que haberlos visto, tuvimos que hacer hasta seis bises un par de veces. Y hubo un loco que se subió al escenario en tres sitios distintos, nos perseguía, el tío.

JANET   Querría ligar.

SOPHIE   Pues las lleva claras. Ha entrado una guitarrista nueva, que es maravillosa. Se llama Malika, es marroquí, guapísima y toca que te mueres. Hemos subido muchos puntos, y con la nueva batería también. Y tengo una nueva canción, si quieres te la canto.

JANET   (*Cambia el tono. Seria.*) Otro día, mejor. Pero sí, algo he leído de vuestros conciertos.

SOPHIE   ¿En serio? ¿Dónde?

JANET   Luego te paso los links. Musicalmente ponen a las *Roadwives* bien, aunque también hablan de otras cosas.

SOPHIE   ¿Ah, sí? ¿De qué cosas, mamá?

JANET   Lo sabes perfectamente. Drogas y sexo lésbico.

SOPHIE   ¿Ahora me vas a decir que tú nunca has fumado maría o hachís, o esnifado coca?

JANET   ¡No hablo de fumar o esnifar, Sophie, hablo de salir en los medios!

SOPHIE   ¿Y qué quieres que le haga? No alardeamos de nada, y tenemos cuidado, ¡pero hay periodistas curiosos!

JANET   ¿Y sabes por qué son curiosos?

SOPHIE   No, pero seguro que tú, sí.

JANET   Porque saben de quién eres hija, no seas ingenua: lo que está saliendo en esos blogs y en algunos periódicos no es porque seáis buenas, es porque ya han olido sangre. ¡Así que te pido por favor que cortes de raíz todo lo que pueda dañar a la campaña y a esta familia!

SOPHIE   ¿Por ese orden, verdad? Primero la campaña y luego la familia. Como siempre. Antes los negocios y ahora la política, pero tu madre, o yo, a la mierda siempre. Y pensar que venía de buen rollo. ¿Pues sabes lo que te digo? Que te jodan, a ti y a tu campaña, estoy hasta los ovarios. Que tú quieras ahora vivir del erario público no es mi problema.

JANET   Cualquier día te doy un bofetón: sí es tu problema porque tú vives de mí, ¿comprendes? Te paso dinero y pago tu piso para que te las puedas dar de artista y hacer lo que te salga de esos ovarios que se te hinchan tan fácilmente. Y mientras yo te siga manteniendo, te exigiré que cumplas las normas que yo pongo en mí casa, ¿te queda claro?

SOPHIE   Guárdate tu dinero y que te aproveche, madre. No me sale de los ovarios cumplir tus putas normas. Joder, no sé para qué he venido. Adiós.

(SOPHIE *sale, cambio de escena.*)

Escena 6.
Sophie al público.
¿Canta, rapea, habla?

SOPHIE

No es tiempo de baladas
el barco se va a pique
y voy a quedar sola
en medio de la mar.
No es tiempo de banderas
acecha el huracán
hay que tomar aire
lanzarse a planear
Nada tengo que llevarme
me dieron toda la nada
y nada más.
Mi herencia es solo viento
y ganas de olvidar.

Me llamo Sophie Moreau Müller, tengo veinte años y soy hija de Janet Müller y de Walter Moreau, dos empresarios metidos a políticos que nunca debieron tener hijos. Pero
aquí estoy, un error metafísico. Algo con lo
que muchos tenemos que vivir: la manía de
la familia biológica a toda costa. Pero la familia cultural, la que realmente evoluciona,
a esa que le den. Odio a mi madre, mi padre
me da pena y algo de asco, quiero a mi abuela, aunque me duele verla sufrir. Creo que
no hay lugar para mí en este mundo y que,

desde luego, no tendré hijos. Pero pienso pasármelo muy bien. Tampoco sé si tendré país. No me gusta lo que veo. También creo que, quizá, es que el tiempo de los países se está acabando.

Escena 7.
Despacho de Nicole.

MARIE, *la tesorera del partido, revisa temas con la presidenta.*

MARIE   Vamos a empapelar este país y a gastarnos hasta el último céntimo, Nicole, y vamos a llegar a las elecciones locales muy justos. Aunque, del año anterior a este, hemos pasado de ocho a trece millones de ingresos, lo vamos a dar todo y es posible que tengamos que rascarnos los bolsillos tras las elecciones.

NICOLE   Eso no me preocupa. ¿Y luego? ¿Cómo ves el futuro, tesorera?

MARIE   Dependerá. A corto plazo, si salimos mayoritarios en más de cien ayuntamientos, podremos hacer frente y recuperarnos sin problemas, porque las aportaciones de las corporaciones locales crecerán. Soy optimista. Pero, además, como sabes de sobra, en este año va a haber elecciones regionales y europeas, y si nos presentáramos a todo, supondría un buen ingreso que nos permitiría llegar a las nacionales en buena posición.

NICOLE   Claro que vamos a presentarnos a todo, Marie, eso ya quedó claro. Queremos disminuir las subvenciones a los partidos, la corrupción y tanto cargo público, pero para conseguirlo debemos tener el poder. Y el poder está donde está, tenemos que ir hasta él.

MARIE   (*Aún dudosa.*) ¿Entonces nos presentamos a todas las subvenciones que antes criticábamos?

NICOLE   ¿A qué viene esa pregunta? Ya está hablado, desde luego que sí.

MARIE   Janet me dijo que no estaba tan claro.

NICOLE   ¿Cuándo te lo dijo?

MARIE   Hace un par de días. Tú estabas fuera. Creí que hablaba por ti.

NICOLE   Ni caso. Hablaré con ella.

MARIE   Deberías. El Partido está evolucionando, pero ella está cada vez más integrista, y hay que encontrar el punto.

NICOLE   Lo sé, pero Janet consigue muchos votos, no lo olvides. Es una mujer de grandes convicciones y se ha dejado el alma en la estructura: sin ir más lejos, tú estás aquí por ella.

MARIE   No te estoy hablando mal de ella, Nicole, sabes que la admiro y la considero fundamental, pero tú eres la única que puede pedirle un poco de *mano izquierda*.

NICOLE   Déjalo de mi cuenta, y presenta todo. ¿Hablaste con Turner?

MARIE   Sí, me vino a decir que nos siguen con interés: *todos los del black party, incluidos los de más arriba, tienen sus ojos puestos en vosotros*, me dijo con ese acento de espía que tiene. Están esperando a ver qué pasa en las elecciones municipales. Pero yo diría que el interés es real.

NICOLE   Si es verdad, es una gran noticia. Casi tan grande como la del premio especial fin de carrera a mi hijo Iván.

MARIE   ¡Enhorabuena! ¿Iván ya ha acabado empresariales?

NICOLE   (*Asiente.*) Va dos años adelantado.

MARIE   ¡Qué tío!

NICOLE   Hemos tenido una suerte con este hijo que no nos la creemos ni nosotros mismos.

(*Cambio de escena.*)

Escena 8.
Iván al público.

IVÁN   Me llamo Iván Kozlov Wallace y tengo 21 años. Soy hijo de Ronald Kozlov, un gran empresario transnacional y de Nicole Wallace, presidenta del Partido Nacional de este país. Me gusta la vida. Me gusta mi familia y me gusta el futuro. Acabo de terminar Administración de Empresas con el premio especial fin de carrera y ya se rumorean ofertas de trabajo en un par de grandes corporaciones. Me gusta la vida de mi padre: viajar, cerrar grandes acuerdos, manejar grandes presupuestos y grandes beneficios. Pero también me hace gracia la de mi madre: donde además de dinero, tienes que ganar *gente,* directamente, o sea, no puedes simplemente comprarlos, ¿no? ¿O sí? No, es broma. Bueno, no lo sé, alguna relación habrá, entre dinero y votantes. Pero todo me parece fascinante y estoy deseando probar. Probarlo todo. Por cierto, me gustan mucho las mujeres, aunque ahora estoy libre y sin compromiso...

(*Cambio de escena.*)

Escena 9.
Casa de Nicole.

> IVÁN, *con una maleta, y* NICOLE *se encuentran y se saludan.* IVÁN *abraza a su madre y la levanta en volandas.*

IVÁN   ¡Hola, madre, qué ganas tenía de verte! Presidenta, ¿qué tal te va la vida?

NICOLE   ¡Bájame, bájame! ¡Te vas a romper la espalda!

IVÁN   Si no pesas nada.

NICOLE   ¡Además vendrás agotado de divertirte! ¿Qué tal ese viaje de fin de carrera? ¿Cómo lo habéis pasado?

IVÁN   Genial. Ha sido una semana intensa, pero divertidísima. No hemos parado, y nos hemos bebido el Orinoco, pero con moderación, bueno, o sea, tú me entiendes.

NICOLE   Me alegro, te lo mereces, y te convenía, porque tu padre te tiene ya preparadas varias entrevistas en grandes empresas. Cuando te lo cuente, te vas a quedar de piedra.

IVÁN   ¡¿Cuáles, con quién?!

NICOLE   Tu padre te lo dirá, no quiero chafarle la sorpresa, pero están entre las empresas más influyentes del mundo, de las que mandan, tú ya me entiendes.

IVÁN   A propósito de eso, el otro día hablaba con mis amigos, y pensé en preguntarte: eso del *Black Party,* que corre por ahí, ¿es verdad? Es decir, ¿hay algún tipo de asociación, qué sé yo, casi masónica, de gente con poder de verdad que se organizan para influir en cosas? A mis amigos les flipa un poco todo eso, suena a novela negra política, y seguro que tú lo sabes.

NICOLE   (*Sonríe.*) Bueno, algo hay...

IVÁN   ¡Venga...! ¿No me vas a contar más?

NICOLE   No. No te voy a dar una clase de política internacional ahora, ¡esas las cobro!

IVÁN   ¡Pero soy tu hijo, a mí me la darás gratis!, ¿no?

NICOLE   Sí, pero en otro momento, ahora tengo que salir.

IVÁN   ¿Qué tal va la campaña? ¡Quedan veinte días!

NICOLE   Creo que vamos muy bien, esperamos multiplicar por diez los ayuntamientos y por veinte los concejales que tenemos, y ya hay algunas ciudades grandes. Es un comienzo, estoy convencida de que este es nuestro año.

IVÁN   Qué maravilla, si alguien puede conseguirlo, eres tú, mamá.

NICOLE   (*Le guiña un ojo y bromea.*) Incluso esperamos que el *Black* Party empiece a ayudarnos después de las locales...

IVÁN   Ahora te dejo ir, pero me lo tendrás que contar todo, ¿eh?

NICOLE   No sé cuándo, hijo, porque entramos en la campaña, y no voy a tener un minuto, pero en cuanto pueda, te daré todas las clases que quieras.

IVÁN   ¡Muy bien! Voy a deshacer la maleta.

NICOLE   Perdona la pregunta, pero: ¿sigues con Laura?

IVÁN   No. Pasó el momento de Laura. ¡Soy libre!

NICOLE   Qué peligro. Pero está bien.

IVÁN   (*Sonríe.*) ¿Qué tramas?

NICOLE   ¿¡Yo!? Nada, ¿tú me ves pinta de liante?

IVÁN   Sin comentarios.

NICOLE   Reserva en tu agenda la fiesta de la noche electoral, el día 25. Seguro que podrás conocer a mucha gente interesante.

IVÁN   (*Ríe.*) ¡Dios! ¿¡Madre-presidenta y casamentera!? ¡Es demasiado!

NICOLE   25 por la noche. Me voy. Adiós. Beso y bienvenido.

IVÁN   La vida es bella.

(*Cambio de escena.*)

Escena 10.
Despacho de Janet.

JANET   (*Le pasa una carpeta.*) Quedan dieciséis días,
                 mañana empezamos, aquí va el *planning* pro-
                 visional. Actos, mítines, entrevistas, cenas,
                 comidas, desayunos, viajes, encuentros y de-
                 bates, y las reuniones de coordinación entre
                 medias. He intentado respetar tu sagrada hora
                 de despacho de por las noches. Y no he in-
                 cluido los momentos para ir a mear, pero te
                 los vas a tener que currar.

NICOLE   (*Ojea la carpeta.*) Tengo una vejiga de hie-
                 rro, como la Thatcher.

JANET   Una pringada, para mí. Tenemos que ser mu-
                 cho más duros. Y, Nicole, una cosa...

NICOLE   Una pringada que estuvo once años al man-
                 do y ganó una guerra ella sola. Te escucho.

JANET   No improvisemos demasiado, por favor.

NICOLE   ¿Me estás acusando de algo?

JANET   Sí. Tengo a mucha gente trabajando en esto,
                 discursos, idearios, puntos clave... ya lo sabes

de sobra. Y es así, manteniendo una línea, como se avanza.

NICOLE   Te entiendo, no te preocupes. Trabajo contigo porque creo en ti, pero también creo en mí. Así que usaré mi instinto con todo el cuidado posible, pero tampoco renunciaré a él, ya lo sabes. ¿Es bastante para ti?

JANET   Toco madera. Otra cosa: el *Gitano* nos está saliendo rana. Anda diciendo que no piensa permitir que eliminemos las elecciones internas, y todo eso.

NICOLE   Ahora no es el momento.

JANET   Por supuesto, pero habrá que ir preparandose para cuando lo sea.

NICOLE   Claro. Organiza discretamente su relevo en el sur, solo con gente de máxima confianza. Haz lo que haga falta. Lo activaremos al día siguiente de las elecciones.

JANET   Muy bien.

NICOLE   ¿Tú cómo andas de mítines, entrevistas y demás?

JANET   También tengo lo mío. ¿Por?

NICOLE   Recuerda que el mensaje ya ha calado, ahora es el momento de tirar de indecisos y moderar un poco: somos elegibles, somos buena gente, valemos para todos.

JANET   (*Ríe.*) Pero, mi amor, para eso ya estás tú. ¡Yo soy la poli mala!

NICOLE   Pero no te pases ni un pelo.

JANET   (*Se encoge de hombros.*) Se hará lo que se pueda.

(*Cambio de escena.*)

Escena 11.
Mitin de Janet.

> JANET *habla al público, con mucha energía, pero a la vez paladeando lo que dice. Una fuerza de la naturaleza.*

JANET   Esta izquierda lunática e ilegítima está mutilando a nuestros hijos. Castrándolos, con ayuda del centro y de esa derecha sin rumbo. Deformando sus vidas de una manera monstruosa, y llevándolos hacia el vacío. ¡Sí, el vacío! No creáis que exagero. Algunos dicen que exagero. ¿Pero qué es lo que queda cuando pulverizamos los valores? Están destrozando el hábito del trabajo, del esfuerzo, del respeto, de la lectura, ¡del amor incluso! ¿Y después de eso, qué queda? Yo os lo diré: queda un rebaño inútil a las órdenes del primero que llegue. Del primero que les cuente un chiste, que les dé una palmadita en la espalda, o unas monedas como subvención. En eso están convirtiendo a nuestra sociedad. En un grupo de imbéciles sin criterio, sin nervio, sin objetivos ni espíritu. Un grupo de imbéciles, repito, y lo estáis viendo, que son capaces de votar a cualquier mamarracho, aunque sea conservador, que encima pierde su legitimidad incumpliendo sus propias promesas. Y ya sabéis lo que hay que hacer cuando un gobierno es ilegítimo, ¿verdad? Menos mal que aún quedáis vosotros, los que estáis aquí, que vais a votar a Ernesto, al que daré paso ahora mismo para que os explique cómo vamos a empezar a combatir todo eso. Pero antes, y para terminar, solo una reflexión. Rusia, China, Turquía, Nigeria, India, Brasil... y Estados Unidos es cuestión de tiempo: la mayor parte de la población mundial, hoy, ya no está gobernada por democracias blandas y pusilánimes, como la nuestra. Son gobiernos fuertes, y peligrosos. ¿Qué creéis que va a pasar en los próximos años? ¿Con el petróleo agotándose, los recursos escaseando, y la población aumentando? ¿Y quiénes van a combatir donde sea necesario para proteger a los suyos? ¿Los del arco iris? ¿Los que compran cojines para que las vacas se sienten más cómodamente? ¿O dejan que los niños jueguen a videojuegos en clase, en lugar de esforzarse, no sea que se pongan tristes? ¿O ese partido conservador, lleno de cobardes y corruptos, cómplice en todo de este desastre en el que vivimos? No. El Partido Nacional está creciendo y estableciendo contacto con otras entidades a nivel internacional: partidos, empresas, instituciones influyentes que nos apoyan. Que tienen nuestra misma visión y que quieren volver a llevar a este mundo global por la senda correcta, la del trabajo, el espíritu de sacrificio y el bienestar honrado. Nosotros solo hablamos con las personas adecuadas, y es gente tremendamente influyente. No hacemos equipo con comunistas, desequilibrados o ladrones, como hacen otros. Ayer sin ir más lejos hablé con una persona muy importante, no os puedo decir quién, pero creedme. Mucha gente importante confía en nosotros. Confiad en mí. El cambio está en marcha. Confiad porque, con vuestra ayuda, podemos empezar a cambiar las cosas desde abajo, ¡pueblo a pueblo, casa por casa! ¡Y a forjar un futuro mejor para nuestros hijos!

(*Aplausos, jaleo, vítores. Cambio de escena.*)

Escena 12.
Sala en sede del Partido. Noche elecciones locales.

Se escucha música animada de fondo, bailes a ratos. Caos controlado. Ronda de parejas de personajes.

JANET Treinta y cinco por ciento escrutado y cerca del catorce, Marie.

MARIE (*Muy alegre, dando saltos.*) ¡Estamos arrasando! ¡No me lo puedo creer!

JANET Y va a subir más.

MARIE ¡Con un doce por ciento ya sería un éxito increíble! ¡No llegábamos al tres! ¿En serio crees que nos quedaremos en el doce?

JANET No. Creo que llegaremos al 15 o al 16.

MARIE ¿De verdad?!

JANET Siempre hemos subido conforme avanza el escrutinio.

MARIE (*Abre una cerveza y se la ofrece.*) ¡Joder, no sé, pero esto hay que empezar a celebrarlo!

JANET   ¡Desde luego!

MARIE   ¡Hoy me emborracho!

               (*Bebe y baila. Cambio de pareja. Música más lejana.*)

NICOLE   ¡Iván!¡Hola, hijo! Qué pronto has venido, aún vamos por el 45% escrutado.

IVÁN   Hola, mamá. Estaba en casa de Walter, pero viendo cómo vamos me he venido, luego vendrán ellos. ¿Vamos de la hostia, no?

NICOLE   Sí, Janet cree que llegaremos al 16% de votos, y eso son más de cinco mil concejales, sería un éxito impresionante!

IVÁN   ¡Cinco mil! ¿Tú crees que llegaremos?

NICOLE   Janet tiene ojo, y siempre hemos subido poco a poco. Puede caer incluso alguna capital.

IVÁN   Hostias. Entonces hoy va a haber fiestón.

NICOLE   Ya te dije. Luego vendrán unos amigos que quiero que conozcas.

IVÁN   ¿A unos amigos vuestros?

NICOLE   Y sus hijas.

IVÁN   ¿Guapas?

NICOLE   ¿Por quién me tomas? Pibones, como decís ahora.

IVÁN   ¡Hoy no voy a poder negarte nada, presidenta! Voy a dar una vuelta, he visto a papá por abajo.

NICOLE   Y yo a hablar con Janet. ¡No desaparezcas!

(*Cambio de pareja. Música más cercana.*)

JANET   (*Con una cerveza en la mano y dándole otra a* NICOLE.) ¡Presidenta! sesenta y cinco por ciento escrutado y quince coma dos, y beba tres!

NICOLE   ¡Janet!

(*Se abrazan.*)

JANET   ¡No entiendo cómo eres capaz de, todas las putas noches, incluso hoy, de encerrarte una hora en tu despacho!

NICOLE   Es mi hora bruja. Sin esa hora no sería persona, ni presidenta. ¡La necesito!

JANET   ¡Déjate hoy de métodos!¡Ya es hora de que salgas de tu cubil y te mezcles con la plebe!

NICOLE   Va siendo, va siendo. Es impresionante.

JANET   Y faltan los territorios exteriores, vamos a llegar al dieciseis, seguro.

NICOLE   ¿Concejales?

JANET   Yo diría cinco mil quinientos. Y tres o cuatro capitales están cerca, aunque esas se sabrán seguro más tarde.

NICOLE   Déjame que te diga que creo que estás haciendo un gran trabajo. Gracias por todo lo que haces, y perdona por todo lo que te hago.

JANET   Poli buena y poli mala.

NICOLE   Ya hablaremos, habrá que replantearse toda la financiación y nuevas estrategias para las regionales.

JANET   ¡Pero mañana! ¡Hoy podemos desparramar!

NICOLE   (*Brinda con* JANET.) ¡Te lo has ganado, nos lo hemos ganado! Pero el lunes, aquí, a las 8, reunión de la ejecutiva, pásalo. Ya sabes: *todos los días, a las mismas horas, siempre.*

JANET   ¡Jawhol, mein fhürer!

NICOLE   (*Ríe.*) ¡Que no te oiga ningún periodista! Voy a repasar el discurso.

              (*Vuelven a abrazarse. Cambio de escena.*)

Escena 13.
Fiesta electoral. Madrugada. Garito/discoteca.

> *Música mucho más marchosa. Luces.* Iván *bai-
> la como loco. Lleva bastantes copas encima.*
> Sophie *entra bailando, algo más tranquila,
> mientras mira a* Iván. *Poco a poco se acerca.*

SOPHIE   Te he estado mirando. (Iván *continúa bai-
           lando, ahora provocando, para que lo mire,
           bastante loco, pero gracioso.*) ¡Qué marcha
           tienes!

IVÁN   (*Sin dejar de bailar, bromeando en serio.*) Voy
           a ser el hijo de la presidenta de este país.

SOPHIE   ¡Hostias! ¿Tú eres Iván, el hijo de Nicole Wa-
           llace? (Iván *responde afirmativamente con el
           cuerpo, sin parar de moverse, y ahora provo-
           cándola, para que baile ella también. Ella em-
           pieza a seguirle el rollo, en un crescendo ace-
           lerado, hasta superarlo. Ambos bailan como
           si no hubiera un mañana, es evidente que sus
           cuerpos lo tienen ya muy claro. Cuando la mú-
           sica acaba, tras un final apoteósico, ambos se
           abrazan, agotados, apoyándose el uno en el
           otro, para no caerse. Lo arrastra hacia unos*

asientos, donde se derrumbarán.) Ven aquí, que tengo que hablar contigo.

IVÁN   Tú también tienes marcha, joder.

SOPHIE   No lo sabes tú bien. Te quería hacer una pregunta, mientras, tápame.

(Se hace dos rayas rápidas sobre la mesa, mientras IVÁN la cubre. Cuando acaba le ofrece el tubo a IVÁN. IVÁN se encoge de hombros y procede.)

IVÁN   ¿Y esa pregunta?

SOPHIE   ¿Tu madre también es una pedazo de hija de puta insoportable y horrorosa a la que tú querrías ver muerta, como la mía?

(IVÁN se ríe a carcajadas.)

IVÁN   ¿Quién es tu madre?

SOPHIE   Janet Müller, la vicepresidenta.

(IVÁN vuelve a reír.)

IVÁN   ¿No me digas que tú eres la famosa hija de Janet?

SOPHIE   La loca inestable, drogadicta y provocadora, sí.

IVÁN   ¿Eres todo eso? Qué guay, no sabía nada, salvo lo de drogadicta, y de eso me acabo de enterar.

SOPHIE   Nunca es tarde. Y del resto ya te enterarás, porque pienso ir a más. Te he visto bailando y me ha gustado cómo bailabas, ahora que sé que eres hijo de esa, ya no sé si me gusta.

IVÁN   ¿No te cae bien mi madre? Les pasa a muchos.

SOPHIE   Lo sé, como a la mía.

IVÁN   ¿Pero y por qué cojones estamos hablando de nuestras madres, por favor!?

SOPHIE   Buena pregunta.

IVÁN   (*Se levanta para mirarla.*) Tú, por ejemplo.

SOPHIE   ¿Yo, qué?

IVÁN   Sí, tú… (IVÁN *gesticula, admirado. Está un poco pedo.*) Tú no necesitas madre, me cago en mi puta madre! (SOPHIE *ríe.*) Tú no has nacido de mujer. Tú vienes directamente del semen de Cronos, como Venus. (SOPHIE *ríe.*) Tú…

(SOPHIE *se levanta. Se acercan y empiezan a besarse y a meterse mano como locos. Cambio de escena.*)

Escena 14.
Vecinas.

> *Dos vecinas,* Uintila *y* Teudisela, *mayores y zumbonas, comentan la actualidad, como los abuelos Statler y Waldorf, de los Muppets.*

Uintila   El Partido Nacional sacó ayer más de cinco mil setecientos concejales, Teudisela.

Teudisela   Me alegro, Uintila.

Uintila   ¡¿Por qué, Teudisela?!

Teudisela   Porque ahora esos cinco mil setecientos concejales van a renunciar a sus sueldos y sus dietas, y habrá más dinero para nosotras, las jubiladas, lo dijo su presidenta, Nicole Wallace.

Uintila   Eso es verdad, lo prometió.

Teudisela   Y a esta gente se la ve seria.

Uintila   Sí, es verdad, no dicen tonterías.

Teudisela   No insinúan que todos los que no les votan sean imbéciles, por ejemplo, o traidores, o vendidos como sus candidatos.

UINTILA   (*Ríe.*) No, ¿cómo iban a decir eso? Estarían burlándose de todo el país.

TEUDISELA No dicen, como el rubito inglés, que no necesitan trabajadores inmigrantes y luego se quedan sin camioneros y repartidores.

(*Ambas ríen a carcajadas.*)

UINTILA   ¡No, estos no son tan estúpidos!

TEUDISELA Tampoco dicen, como el cerdito ruso, que van a devolver el orgullo a su nación a base de invadir territorios que ya no quieren ser de su nación, aunque haya que masacrar a miles, si es necesario, o llamarlos nazis.

(*Se desternillan.*)

UINTILA   ¡Te imaginas! ¿Cómo iban a decir eso? Los nazis entonces serían ellos.

TEUDISELA Tampoco dicen que si las elecciones no las ganan es porque se las han robado, no porque han perdido, como hizo el cerdito *yankee*.

(*Risas.*)

UINTILA   Claro que no, eso acabaría con cualquier país. Y tampoco dicen que para dar mejor educación, hacer mejores hospitales y mejores carreteras lo mejor es no cobrar nada de impuestos.

(Risas estruendosas.)

TEUDISELA   ¿Te imaginas que lo dijeran? ¿Quién lo iba a hacer entonces? ¿Las empresas privadas?

(Risas estruendosas.)

UINTILA   Las petroleras, ¿no? Las gasistas, las farma-céuticas, la banca, ¿no?

(Ríen mucho.)

TEUDISELA   Ay, qué buenos ratos paso contigo, Uintila. Está claro que esta gente no dice tonterías.

UINTILA   Tienes razón, Teudisela. Lo han prometido, así que ahora todos esos concejales donarán sus sueldos para los jubilados y las jubiladas. Eso se llama adelgazar el estado, ¿lo sabías?

TEUDISELA   ¡Vaya tipín que vamos a tener! Con Yeltsin hicieron algo parecido en Rusia, y creo que les fue muy bien. Seguro que estos son muy creativos, también.

UINTILA   Claro, vienen tiempos mejores. Yo también paso muy buenos ratos contigo, Teudisela, pero de tanto reír me ha entrado hambre.

TEUDISELA   ¿¡Tienes hambre Uintila!? Pues no se hable más, vente para casa que tengo estofado.

UINTILA   ¡Estofado, Teudisela! ¡Me pirra!

TEUDISELA   Pues andando, te invito, Uintila, me encanta hablar contigo.

UINTILA   Si no fuera por estos ratos, y los que pasamos en la cama, ¿verdad?

(*Ambas ríen. Salen las dos. Cambio de escena.*)

Escena 15.
Despacho de Nicole.

>   Nicole *y su marido,* Ronald, *hablan apasionadamente.*

NICOLE   ¿Por qué está mi marido leyéndome la cartilla? ¿Qué me he perdido? ¿En qué siglo estamos? ¿En qué momento te has convertido en mi mentor?

RONALD   Déjate de monsergas, Nicole, y cárgate a Janet. No puedes seguir adelante con Janet.

NICOLE   ¿Por qué?

RONALD   ¡No lo digo yo! ¡Lo dice todo el mundo!

NICOLE   Tu mundo.

RONALD   El que necesitas para hacer cosas de verdad.

NICOLE   Hemos hecho bastante sin ellos.

RONALD   Tú no eres tonta, Nicole, perdona que te hable así: vivir de esto, coger algunos sillones, llegar a un diez, doce o catorce por ciento

en épocas de crisis es fácil, cualquier des-
camisado lo consigue. Ya lo has visto. Ver-
des, antisistemas, chalecos amarillos, mora-
dos, todo dios puede llegar. Pero para alcan-
zar el poder de verdad te queda la parte más
difícil. Lo que has hecho hasta ahora es una
tontería comparada con lo que te queda por
delante. Supiste aprovechar la crisis de los
conservadores, y el descontento general. Pero
a partir de ahora vas a necesitar dinero, y
apoyos. Parte de la patronal podría estar in-
teresada, pero no con una energúmena como
esa llamando mamarracho a gente muy razonable.

NICOLE   Janet nos ha conseguido muchos votos.

RONALD   Esos ya los tenéis. Para conseguir los que os
            faltan, es un estorbo. Mira Francia, o Ingla-
            terra. Incluso Estados Unidos. Tienes que
            blanquear el partido, Nicole y conseguir nue-
            vos apoyos.

NICOLE   ¡Deja de decirme lo que tengo que hacer, por
            favor! Turner nos dijo el otro día que nos si-
            guen con interés.

RONALD   Lo sé. Hoy he hablado con su jefe. Están pen-
            sando apoyaros con el canal 66 y con todos
            sus medios: prensa y radio.

NICOLE   ¿Qué!? ¡Qué dices!?

RONALD   Lo que oyes.

NICOLE   ¿Y me lo dices tan tranquilo?

RONALD   Siempre que neutralices a Janet.

NICOLE   ¿Te lo ha dicho así de claro?

RONALD   Cristalino, aunque con otras palabras.

NICOLE   ¿Qué entiende por neutralizar?

RONALD   Que no dirija más campañas, que no dé mítines, que deje de tener peso en el partido.

NICOLE   Joder. Que se vayan a la mierda. (RONALD *niega con la cabeza, sin dejar de mirarla.* ¿Qué?

RONALD   Lo siento, Nicole. Pero tú sabes que tienen razón. Mucha más gente está de acuerdo con ellos, incluido yo.

(RONALD *sale.* NICOLE *se desespera.*)

Escena 16.
Casa de Sophie.

JANET y SOPHIE.

SOPHIE   ¿A qué debo el placer de esta visita?

JANET   (*Intenta mostrar buen talante.*) Quería hablar
                contigo, Sophie, me quedé preocupada el otro
                día.

SOPHIE   No tienes por qué. Ya me he buscado otro
                piso, más pequeño, que pagaré yo, dejo este
                a final de mes.

JANET   No es cosa de dinero, hija. No sé si el otro
                día dije algo inconveniente o de forma un
                poco áspera. La verdad es que no recuerdo
                haberlo hecho, pero si te lo pareció, creo que
                te he educado lo suficientemente bien para
                que seas capaz de disculparme...

SOPHIE   Patético.

JANET   (*Enfadándose.*) ¿Qué coño te parece patético?

SOPHIE   (*Muy tranquila.*) Tu forma de no pedir perdón.

JANET   (*Respira y recupera su intención inicial.*) Sophie, he venido a que hagamos las paces, no...

SOPHIE   (*La interrumpe.*) Muy bien, dalas por hechas. En paz. En serio. Ya está. Puedes irte, porque tengo que salir.

JANET   A veces eres odiosa, ¿lo sabías?

SOPHIE   De algún lado lo habré aprendido.

JANET   No lo sé, puede ser. Solo quería decirte que no hace falta que te vayas del piso, pero tienes que entender que ser un personaje público conlleva unas exigencias. Yo intento hacer lo que creo que tengo que hacer -para mí es una cuestión de principios-, procurando que afecte lo menos posible a la familia, pero es inevitable que tengamos, o que tengáis que hacer algunas concesiones, porque se trata de un perfil público, ¿lo entiendes?

SOPHIE   Claro. Hablando de perfiles públicos, el otro día me tiré al hijo de tu jefa.

JANET   ¿¡Qué!?

SOPHIE   Iván, es muy majo. Mucho más que su madre. ¿No querías que conociera a gente del partido? ¿Qué me mezclara un poco?

JANET   (*Sin saber si alegrarse o enfadarse.*) Pero ¿cómo que...? ¿Sois pareja?

SOPHIE   ¡Qué antigua eres! Nos enrollamos en la fiesta de las elecciones, ya está.

JANET   ¿Pero a ti te gusta Iván?

SOPHIE   (*Se encoge de hombros.*) Es majo, divertido. Guapo. Pero no sé... ¿Por?

JANET   Nada, no tengo nada en contra, ni a favor, ya eres mayorcita. Pero no creo que convenga que al hijo de la presidenta lo relacionen con cosas raras. Ya me entiendes.

SOPHIE   (*Afirma primero, luego niega, como si no entendiera algo.*) Lo que no entiendo es por qué quieres aupar al poder a esa Nicole, que en el fondo te desprecia.

JANET   ¿De qué demonios hablas, Sophie?

SOPHIE   Le haces todo el trabajo duro y te mira por encima del hombro, como si fueras más tonta que ella, ¿no te das cuenta?

JANET   Hija, no sé lo que andas consumiendo, pero te está afectando la cabeza. Nicole y yo hemos trabajado mucho para levantar este partido, y lo hemos hecho juntas, repartiéndonos las tareas que mejor se adaptaban a nuestras capacidades, pero...

SOPHIE   Ella tiene la capacidad de ser la primera, y tú la segunda, ¿no?

JANET   ¡Joder! ¡No sé para qué he venido! No estoy de humor para tonterías, no sabes de lo que hablas, y son cosas que claramente te superan, así que déjalo. Lo único que te pido es que seas discreta con Iván.

SOPHIE   No sé si lo voy a volver a ver. Pero ahora que lo pienso, sería una publicidad estupenda para el grupo, ¿no?

(JANET *se la queda mirando, harta. Podría parecer que va a darle una bofetada, pero no lo hace.*)

JANET   Andaos con mucho ojo, por favor.

SOPHIE   Se hará lo que se pueda.

(*Cambio de escena.*)

Escena 17.
Despacho de Nicole.

NICOLE y JANET, *entre chispas.*

JANET   (*Muy enfadada.*) ¡¿Pero qué demonios significa blanquear el partido, Nicole?!

NICOLE   Moderar las actitudes, de cara al exterior.

JANET   ¿Mentir!? ¿Me estás pidiendo que diga a los
votantes cosas en las que no creo?

NICOLE   ¡No! Te estoy pidiendo que omitas algunas
de tus formas de ver las cosas en las que
crees, en tus discursos y tus opiniones al
exterior.

JANET   ¿Como qué?

NICOLE   La posibilidad de la conquista del poder al
margen de los votos, la superioridad de nuestra cultura frente a otras, la decadencia de
los que no piensan como tú, lo antinatural
de los homosexuales, por decir solo algunas
cosas, ¡pero podría seguir.

JANET   ¿Y si los partidos llevan a la destrucción, no hay que pensar alternativas para el poder? ¿Y si quiero defender nuestra cultura, porque la considero mejor, simplemente? ¿Y si creo que gran parte del pensamiento político moderno *es* decadente y obvia lo fundamental? ¿Y si sucede que la naturaleza necesita de la heterosexualidad para reproducirse? ¡Por dar solo algunas razones!

NICOLE   ¡No digo que dejes de pensar como piensas, Janet! Solo digo...

JANET   (*La interrumpe.*) ¡Que me lo calle! ¡Te entiendo perfectamente! Pero eso es peor que mentir, Nicole. Eso lleva a donde estamos, con políticos que en el fondo no dicen nada porque, a base de no atreverse a decir las cosas, ¡han pasado a no atreverse a pensarlas!

NICOLE   No me vuelvas a interrumpir, Janet, sabes que no lo aguanto, yo te dejo acabar tus frases. Piensa, estudia, escribe, eres una de nuestras principales ideólogas, tú lo sabes, yo lo sé. Te necesito y te defiendo. Pero cállatelo hasta que lleguemos al poder, y luego, con calma, ya habrá maneras. Tú eres motor, déjame a mí la estrategia.

      (JANET *hace una pausa, buscando las palabras.*)

JANET   ¿Tú crees que eres más lista que yo, verdad?

NICOLE   ¿De qué hablas?

JANET   El otro día alguien me lo hizo notar, y em-
            piezo a pensar que tiene razón.

NICOLE   Me asustas, Janet. Te admiro, confío en ti,
            sé lo que vales. Hemos hecho esto juntas, y
            quiero que sigamos así, pero tengo que po-
            der decirte lo que pienso. Y no lo pienso yo
            sola. Es solo por estrategia, pero tienes que
            moderar el discurso, para poder acceder a
            más votos. Estamos aquí para intentar lle-
            gar al poder.

JANET   ¿Tú crees que esos apoyos que obtengas aho-
            ra luego no van a condicionar nuestra forma
            de gobernar?

NICOLE   Por supuesto que lo intentarán. Pero siem-
            pre hay un margen. Y a ese margen es a lo
            que nos tenemos que agarrar.

JANET   El margen de la hipocresía. Nos metimos en
            esto para erradicarla, entre otras cosas, ¿re-
            cuerdas?

NICOLE   Meterse en esto, como tú dices, supone lle-
            gar al poder, si no llegas, es un fracaso. Y yo
            no quiero fracasar, Janet.

JANET   Yo tampoco, pero, para mí, fracasar sería no
            poder hacer aquello por lo que yo me metí

en esta carrera de locos. Vienen tiempos duros, Nicole.

NICOLE   Por eso es necesario llegar arriba.

(*Cambio de escena.*)

Escena 18.
Nueva casa de Sophie.

IVÁN y SOPHIE, *después de hacer el amor.*

IVÁN   ¿Alguna vez habías estado tanto tiempo con
            una pareja?

            (SOPHIE *ríe.*)

SOPHIE   Pero tío, que solo llevamos un mes, ¿por
            quién me tomas?

IVÁN   Por la vampiresa de la carretera.

SOPHIE   Somos las amas de la carretera, las *Roadwi-
            ves,* no las vampiresas. De momento aún no
            me has aburrido, pero no te duermas.

            (*Ahora ríe* IVÁN.)

IVÁN   Ah, que soy tu mono de feria.

SOPHIE   Desde luego: eres monísimo, ¿lo sabías? Me
            divierto contigo, no eres tan estrecho como
            otros tíos que he conocido.

IVÁN   ¿Y tú eres muy ancha?

SOPHIE   Como el mar.

IVÁN   Qué bonito.

SOPHIE   Oye. ¿Tú querrías hacer un trío?

                (IVÁN *la mira, sonriendo, intentando evaluar
                la seriedad de la propuesta.*)

IVÁN   Con dos tías, sí. (*Ríe.*) Yo no soy tan ancho.

SOPHIE   A mí me molan las dos posibilidades. Con
                dos tíos tampoco quiere decir que vosotros
                tengáis que hacer cosas entre vosotros.

IVÁN   Ya... bueno, no sé, podría estudiarse, pero
                me pone más con dos tías.

SOPHIE   ¿Tú es que eres muy macho, o qué?

                (IVÁN *ríe.*)

IVÁN   Lo normal, supongo.

SOPHIE   Acabáramos, con la normalidad hemos to-
                pado. Es que hay una chica que me gusta. La
                guitarrista.

IVÁN   ¿Malika? Se te nota.

SOPHIE   ¿Y eso te pone celoso?

IVÁN   Un poco, pero sobreviviré. Me lo dejaste muy
           claro.

SOPHIE   Más te vale. ¿A ti no te gusta?

IVÁN   Me encanta.

SOPHIE   ¿Ah, te encanta? Vaya, vaya. ¿Y por qué no
           lo dices?

IVÁN   No me ha dado tiempo, la he visto dos veces
           en mi vida...

SOPHIE   Pues me da que a ella también le gustaría
           probar.

IVÁN   ¿Quién soy yo para oponerme a los deseos
           de semejantes mujeres? Aunque te advierto
           que mi madre me ha pedido discreción.

SOPHIE   ¿En serio? ¡Qué pesadas son! Fue lo prime-
           ro que me dijo mi madre cuando le dije que
           tú y yo habíamos follado.

IVÁN   ¿Así mismo se lo dijiste a tu madre?

SOPHIE   Sí. Fue al día siguiente del primer día, y es
           lo que habíamos hecho, ¿no?

IVÁN   Bueno, también nos conocimos, nos reímos,
           bailamos, bebimos, nos metimos unas ra-
           yas, hablamos, bromeamos, fuimos a tu casa

e hicimos tostadas y café, por la mañana. Tomas la parte por el todo.

SOPHIE   Si te dijeran «di en una sola palabra lo que habéis hecho esta noche», ¿qué dirías?

IVÁN   Follar.

SOPHIE   Pues eso. Vamos a hacernos una foto. Un selfi gracioso. (SOPHIE *prepara el móvil. Buscan una postura.* SOPHIE *le propone una postura algo provocativa, pero simpática. Hace el selfi, y lo miran.*) ¡Está genial! Se lo voy a mandar a una revista que me está haciendo un reportaje, ¿te importa?

IVÁN   No sé si eso es muy discreto...

SOPHIE   Si les molesta, que rabien, es una foto simpática. Además, es un artículo de música, no lo va a leer ni dios. La mando.

IVÁN   Vale.

(SOPHIE *manda la foto.*)

SOPHIE   ¡Listo!

IVÁN   ¿Qué revista es?

SOPHIE   No sé ni cómo se llama, algo LGTBI, ¿nos vamos a cenar?

IVÁN   Me muero de hambre, y todo es culpa tuya.

(*Cambio de escena.*)

Escena 19.
En lo profundo del bosque.

JANET *habla con la* MUJER MISTERIOSA.

JANET   Nicole quiere eclipsarme.

MUJER MISTERIOSA   Esa mujer no es de fiar.

JANET   ¿Usted cree?

MUJER M.   Sí. Nunca me ha gustado. Forma parte de
               una élite sin sangre ni alma. Su familia lleva
               tres generaciones heredando puestos en los
               gobiernos. La gente así asume que es su fun-
               ción, y que se les debe. Lo que hagan con el
               poder ya no es importante, con tal de estar
               arriba, como sus antecesores. No es de fiar.
               No la pierdas de vista y ve contándome.

JANET   Cree que debemos blanquear el partido. No
               decir las cosas claras, sino decir lo que algu-
               nos quieren escuchar, para que nos den sus
               apoyos.

MUJER M.   Esos empresarios de medio pelo que ella
               quiere atraer, al final, se irán siempre con
               el más fuerte. No te preocupes. No tienen

convicciones, ni criterio, ni coraje. Nosotros tenemos mucho más poder del que ellos nunca soñarían con tener. Mantente firme.

JANET   Pero ella me exige, y la cúpula del partido también, que deje de hablar en público, y creo que están maniobrando para quitarme poder en el partido.

MUJER M.   ¿Tú eres valiente?

JANET   Lo soy.

MUJER M.   Maniobra tú también, entonces. No los dejes. La vida es lucha, Janet, y solo llegan los que luchan más fieramente. Los partidos están para aupar a los líderes valientes, todo lo demás es un cuento.

JANET   Hace un tiempo hablé con Turner, y parecía muy interesado en nosotros, y yo creo que en mí, en particular.

MUJER M.   Turner es un peón. Lo importante eres tú. Todo lo que puedes llegar a hacer está en ti, Janet Müller, y en nadie más. No confíes en nadie más. Y pelea.

JANET   ¿Usted me apoya?

MUJER M.   Sí te lo sabes ganar, tendrás todo mi apoyo y el de los míos.

JANET   Gracias.

MUJER M.   Pero nadie conoce nuestra relación, y así debe
               seguir siendo. La gente no sabe dónde está
               el poder de verdad. Tú y yo lo sabemos, pero
               ese conocimiento debe seguir en la sombra.

               (JANET *asiente. Cambio de escena.*)

Escena 20.
Rueda de prensa de Janet.

PERIODISTA 1   Señora Müller, Graciela, del *Seven Days*, se rumorea que desde hace una semana hay un cierto alejamiento entre Nicole Wallace y usted. ¿Puede decirnos algo al respecto?

JANET   *Ladran, Sancho*. Aunque eres joven deberías conocer la cita, y si no, a Google.

PERIODISTA 1   ¿Pero es o no verdad que la señora Wallace querría que usted se moderase un poco en sus declaraciones?

JANET   Este partido lo formamos mucha gente. Nicole Wallace y yo –y muchos más–, hemos trabajado duro para ofrecer a los ciudadanos una alternativa fuerte y creíble. Somos fuertes y somos creíbles porque decimos lo que pensamos, siempre lo hemos hecho y lo seguiremos haciendo.

PERIODISTA 1   ¿Entonces la sintonía entre la presidenta del partido y usted es completa?

JANET   La sintonía entre la señora Wallace y yo es todo lo completa que debe ser.

Periodista 2 Katia Conte, del *Canal 25*. Señora Müller, ¿qué opina del artículo que ha salido sobre Sophie Müller, su hija, en el *Vanity Gay*?

Janet No leo ese medio.

Periodista 2 ¿Entonces no sabe que su hija está saliendo, al parecer, con el hijo de la presidenta de su partido –entre otros–, y que ambos defienden una *(Lee.) libertad sexual completa*?

Janet No haré ningún comentario sobre mi vida privada ni la de mi familia, no me pregunten sobre ello, tenemos derecho a nuestra intimidad, como cualquier ciudadano.

Periodista 2 Por supuesto, Señora Müller, pero su hija ha hecho públicas algunas facetas de su intimidad, y le pregunto por eso. ¿Está de acuerdo con las declaraciones –públicas– de su hija? Creo que la gente tiene derecho a saber, ya que ustedes siempre dicen lo que piensan.

Janet No he leído esas declaraciones así que no le puedo contestar. Siguiente pregunta.

Periodista 3 Imelda Gucci, de *La Capital*, su hija ha declarado que es bisexual, le encantan los transexuales y no piensa tener hijos, ¿a qué diría que se debe ese cambio en lo que –según ustedes– es la normalidad que desea cualquier persona normal y razonable?

(JANET *hace una pausa antes de contestar, pensando.*)

JANET   No tengo ni idea. Si mi hija ha declarado eso, públicamente, debo reconocer que no me gusta. Pero ¿cree usted que a todos los padres les gusta todo lo que hacen sus hijos?

PERIODISTA 3   ¿Entonces, señora Müller, entiendo que cree que su hija no es una persona normal ni razonable?

(*Nueva pausa.*)

JANET   Efectivamente. Creo que, en estos momentos, es una maldita loca. Pero espero que se le pase. Yo, desde luego, lo intentaré por todos los medios a mi alcance.

(*Cambio de escena.*)

Escena 21.
Casa de Nicole.

IVÁN, *de pie y* NICOLE, *trabajando en su mesa, en medio de una charla.*

IVÁN   ¡No me des la respuesta del manual! ¿Si yo fuera homosexual tú qué sentirías?

NICOLE   ¿Eres homosexual?

IVÁN   No, pero no tengo nada contra ellos, Sophie sí lo es, y me gusta mucho.

(NICOLE *suspira.*)

NICOLE   No era esa, precisamente, la chica que quería que conocieras el otro día, pero paciencia. Hijo: normalizar comportamientos extremos y que no son útiles a la especie, es un error. Que a una persona le guste otra de su mismo sexo, o que no le guste el suyo propio, no es lo más habitual, no es lo mayoritario. Y en esa mayoría hay una sabiduría, una razón; hay un por qué, una historia.

IVÁN   ¡Pero el sexo ya ha superado todos esos límites! El sexo es juego, y aprendizaje, y empatía, y diversión. También puede ser reproducción, claro, pero hoy día es mucho más que eso. Y los cambios sociales siempre han empezado por minorías.

NICOLE   Creo que Sophie te está comiendo mucho el coco, hijo. Y seguro que algo más.

(IVÁN *ríe*.)

IVÁN   ¡Madre! ¡No me escandalices! Lo que yo te pregunto, es, si yo lo fuera, qué pensarías.

NICOLE   No me gustaría, lo sabes, y no lo oculto. Te quiero lo bastante como para llegar a un acuerdo conmigo misma, aunque intentaría hacerte reflexionar, pero no se trata de eso.

IVÁN   ¿Entonces de qué?

NICOLE   No se trata de la valoración individual, Iván, sino de que están intentando normalizarlo en la educación, en las instituciones, en las leyes. Ponerlo en rango de igualdad con el mecanismo fundamental de supervivencia de la especie. Cuando, como tú dices, es un juego, una diversión, no es lo mismo.

IVÁN   Mamá, yo te quiero mucho, pero creo que ahí estás absolutamente anticuada. Si se acepta, se acepta, no vale aceptarlo pero a escondidas. Eso no vale. Además, seguramente la

73

especie acabe reproduciéndose *in vitro*. Y ya somos demasiados. Yo no veo el problema.

NICOLE   Las nuevas generaciones sois distintas, pero el hecho es que Europa se está quedando sin niños propios.

IVÁN   ¡Pero eso no es por los gais! ¡Es por la economía!

(NICOLE *asiente y hace gestos para que la deje tranquila.*)

NICOLE   Bueno, que sí, déjame trabajar, anda.

IVÁN   La verdad es que había venido para preguntarte otra cosa. ¿Por qué se llevan tan mal Sophie y su madre? ¿Sabes algo?

(NICOLE *suspira.*)

NICOLE   Yo creo que tiene que ver con la relación que Janet tenía con su madre. Janet tiene mucho carácter, se ha hecho a sí misma, es dominante, agresiva. Por eso no soportaba a su madre, que era una señora apocada, que dejaba que su marido la maltratase. Y la madre de su madre, la abuela de Janet tampoco aceptó nunca a esa hija-poquita-cosa. Janet tiene mucho de su abuela, que fue la que la crio realmente, y por lo visto debía ser una mala bestia, una señora muy dura. Creo que esa mala relación madre-hija se ha perpetuado con Sophie, que además le ha salido... especialita. Por cierto, ¿cómo os va?

IVÁN   Bueno, está un poco loca, es verdad, pero me gusta. La ha liado buena con los medios, ¿no? Yo creo que, en parte, lo hace para provocar a su madre, me sorprende tanto. Pero, al partido, sus declaraciones, nuestra foto y todo eso, no van a hacerle daño, ¿verdad?

NICOLE   Janet cree que sí y está muy enfadada. Pero yo soy partidaria de no darle importancia. De hecho, creo que incluso nos viene bien. Nos hace más modernos, ¿no? Según tú. Pero no le digas a nadie que lo he dicho. Ni mandes más fotos, por favor. Y ahora, largo, que tengo que preparar la reunión de mañana.

(IVÁN *le da un beso y sale.*)

Escena 22.
Despacho de Nicole.

JANET y NICOLE.

JANET   Mataría a mi hija, Nicole. Tú no lo entiendes porque has tenido mucha suerte con Iván, su genética es estupenda. Pero Sophie es mala. Lo hace todo para provocarme. No tiene sustancia, está vacía, lo único que la llena es el odio hacia mí. Sigue a cualquier imbécil, a cualquier eslogan de subnormales, para fastidiarme. Es como un símbolo de esta sociedad vacía que se deja llevar por ideas estúpidas.

             (NICOLE *la mira, preocupada.*)

NICOLE   Tienes que calmarte, Janet. Es tu hija. Recuérdalo cuando hables con ella, no entiendo que no lo hayas hecho todavía.

JANET   Tú no conoces a Sophie. A veces me gustaría no tener hija. No sé qué he hecho mal, o si es todo culpa de esta época de mierda, y de las ideologías de mierda que ahogan al mundo.

NICOLE   Yo no quiero meterme en cuestiones inter-
          nas de tu familia, Janet, ni decirte cómo tie-
          nes que tratar a tu hija, pero creo que, de cara
          a los medios, y al partido, lo mejor es no dar-
          le importancia.

JANET   ¡¡Pero qué quieres que haga!? Esos periodis-
          tas preguntan. La idiota de mi hija ha llevado
          esto al plano público, para joderme a mí, y
          para dañar al partido, ¿no te das cuenta? Cree
          que en público no me voy a atrever a decir
          lo que pienso sobre ella. Pues se equivoca. Es
          mi hija, sí, pero puede dejar de serlo.

NICOLE   ¡No puedes repudiar a tu hija, Janet!

JANET   ¿Quién lo dice? ¿Tú?

NICOLE   Quiero decir que estoy convencida de que,
          para el partido, sería mucho más dañino que
          el público presenciara esa lucha entre madre
          e hija, que dejar pasar todas las tonterías y
          provocaciones de los periodistas, muchos de
          los cuales son activistas de la izquierda a suel-
          do, no lo olvides y no profesionales.

JANET   No quiero seguir hablando. Nuestros asun-
          tos son cosa nuestra.

NICOLE   (*Muy seria.*) En vuestros asuntos no entro,
          pero en lo que respecta a la proyección del par-
          tido en el exterior, sí. Y ya no es una sugeren-
          cia, Janet, es una orden: tienes que moderar

tu discurso y no decir barbaridades. Y decir que tu hija es una puta loca es una barbaridad, y no lo puedo tolerar.

JANET   ¿Y quién eres tú para darme órdenes?

NICOLE   La presidenta del Partido.

JANET   Yo te coloqué ahí.

NICOLE   (*Más conciliadora*.) Me ayudaste, lo sé y no lo niego. Pero las elecciones regionales ya están aquí, en apenas un mes empezamos campaña, hemos luchado mucho, no tires toda esa lucha por la borda.

JANET   No tires tú, por la borda, la razón de esa lucha. No deberíamos presentarnos a estas elecciones, queríamos eliminar a todos estos cargos inútiles que chupan del bote, y vamos a engrosarlos. Yo sé por lo que lucho, pero ¿por qué luchas tú, Nicole? ¿Por convertirte en aquello que querías cambiar?

(*Cambio de escena*.)

Escena 23.
Camerino de Sophie.

JANET *mirando todo, entra* SOPHIE.

SOPHIE   Hola, me han dicho que habías venido, y por eso vengo.

JANET   ¿Este no es tu camerino?

SOPHIE   Prefiero usar el de Malika, la guitarrista. ¿A qué has venido? ¿Has visto el concierto?

JANET   No. Vengo a preguntarte qué coño estás haciendo, ya que al parecer no quieres hablar conmigo.

SOPHIE   ¿Para qué? Tú no hablas, dictas.

JANET   Lo que tú digas. Pero ¿se puede saber qué pretendes, diciendo todas esas imbecilidades en las ruedas de prensa? ¿Te halaga que te hagan caso solo porque quieren sacar cosas contra nosotros y tú no paras de dárselas? ¿¡Tú eres idiota o qué te pasa!? Primero alardeas de tu relación con Iván, y luego empiezas a meter basura con no sé qué historia con la guitarrista esa, ¿pero tú de qué vas? ¿No te das cuenta de que convertir públicamente en un tarado al hijo de nuestra candidata puede hacernos mucho daño en las elecciones? ¿Qué pretendes?

SOPHIE   No pretendo nada, soy bisexual, me gustan también las mujeres y las cosas han salido así. Me estoy enamorando de Malika. Es un ser fantástico, y me está abriendo los ojos a muchas cosas.

JANET   ¡Pero qué ojos! ¡Si cada día ves menos la realidad! Dime una cosa, entonces ¿lo de Iván ha sido solo por la publicidad para el grupo, verdad?

SOPHIE   ¡No entiendes nada! ¡Iván también me gusta! Son cosas distintas. ¡¿No puedes hacer ni un mínimo esfuerzo para intentar pensar de forma diferente a como te han metido en la cabeza que debes pensar?! ¡No me entiendes, no me miras, no me ves!

JANET   Te veo, pero lo que veo no me gusta. Eres una niñata que no entiende cosas que ya debería entender y sigue jugando con muñecas y muñecos. ¡Lo único que te pido es que dejes a Iván tranquilo y dejes de hacer declaraciones contra el partido de tu madre, que en el fondo es por lo que creo que haces todas las tonterías que haces.

SOPHIE   ¿Y tú nunca te has preguntado por qué haces lo que haces?

JANET   Por sacarte a ti, y a este país adelante, gracias a la fuerza de los que vinieron antes que nosotros, porque la fuerza para hacer las cosas está en ellos, ¿sabes? Pero no en todos. Mi madre, tu abuela, es débil, una vergüenza de mujer, todo le da igual, todo le parece bien. Se deja hacer. ¿Y así a dónde vas? Pero mi abuela, tu bisabuela sí era fuerte, y ella me lo enseñó todo. Pero se ve que en esta familia, a una generación con iniciativa, le sucede otra que da pena, debe ser una maldición.

SOPHIE   Eso debe ser.

(*Cambio de escena.*)

Escena 24.
Despacho de Nicole.

NICOLE y MARIE, *la tesorera*.

NICOLE   ¿Qué podemos hacer con Janet, Marie? Faltan dos meses para las regionales, y luego no quiero tenerla por medio, para las europeas.

MARIE   Césala en su cargo, tendrías apoyos suficientes.

NICOLE   Ahora mismo rompería el partido en dos, no puedo hacer eso.

MARIE   Si no quieres matar al perro, dale un hueso para que se entretenga. No vamos a ganar en el sur, de momento.

NICOLE   Dices: ¿ponerla en el lugar de Conrad? El pobre no lo está haciendo tan mal.

MARIE   Pero tampoco bien. Y no puedes hacer tortilla sin romper huevos. Podría ser una solución.

NICOLE   No creo que ella quiera asumir ser la candidata del sur.

MARIE   Pero ahí sí puedes presionarla. Podrá entretenerse y sentir que tiene algo. Tocar el poder.

NICOLE   Si lo intento y no acepta, ya no habrá vuelta atrás, le habré declarado la guerra.
(MARIE *se encoge de hombros.*)

MARIE   La guerra ya está aquí. Al menos habrás intentado hacer algo.

NICOLE   No sé cómo hemos llegado a esto, Marie. Hace diez años, cuando fundamos el partido, éramos uña y carne, nos compenetrábamos de maravilla. Ahora todo son críticas, veladas y no tan veladas. No puedo más. Nos estamos perdiendo el respeto.

MARIE   Ella dice que tú, al principio, pensabas como ella, pero que has cambiado la forma de pensar.

NICOLE   ¡Me he adaptado, que es distinto! Pienso como pensaba, pero hemos recorrido, hemos aprendido, hemos tenido cintura, y eso es lo que nos permite avanzar! Ella no entiende que para conseguir unas cosas tienes que ceder en otras. Yo consigo las cosas y ella se queja. Lo quiere todo según su voluntad. ¡Es insufrible! No me parece la mujer que era hace diez años.

MARIE   Se ha divorciado y se le murió alguien, la madre o la abuela, ¿no? A lo mejor es por eso, pero estoy de acuerdo contigo, hay que hacer algo. Las televisiones del *Black* están esperando.

NICOLE   Murió su abuela Greta, a la que estaba muy unida, a su madre no la aguanta... Es rara, y se está convirtiendo en una rémora.

MARIE   La verdad es que cuando se pone, es un ciclón, pero igual no es buen viento para navegar.

NICOLE   Ella me convenció para lanzarnos a esta aventura. Vio como nadie las oportunidades políticas que daba la crisis y entendió el momento. No sé.

MARIE   Tú también lo entendiste, Nicole. No le debes nada. Habéis trabajado mucho las dos, sí. Pero el obstáculo ahora es ella. Y a ti te toca solucionarlo.

(*Cambio de escena.*)

Escena 25.
En lo profundo del bosque.

> La Mujer Misteriosa *habla con* Janet, *que está en horas bajas.*

JANET   Nicole y yo siempre hemos sido un equipo ganador. Pero se ha acabado. Ya no nos aguantamos, no funcionamos juntas. Pero igual debería apoyarla, y dejarle sitio, para que el Partido pueda ganar, quizás ella tenga razón, ¿qué opina usted?

Mujer Misteriosa   ¡No! ¿Para qué quieres que gane el Partido si abandona las ideas que tenemos que defender? ¿Cuál es nuestra misión? ¡Mira lo que está pasando a tu alrededor! ¡Han echado a perder a tu propia hija! Esta izquierda podrida y radical que domina el mundo, desde la sombra, la ha corrompido, ¿no te das cuenta?

JANET   A veces me siento culpable con Sophie. Quizás no la atendí lo bastante, porque el trabajo...

Mujer M.   (*La interrumpe.*) ¡No seas débil! Tú le has mostrado el camino, has trabajado, has luchado, ¿qué más quieres hacer? Ningún hijo puede prosperar si la sociedad en la que crece está corrompida. Ni siquiera conocen la cultura del esfuerzo, ¡creen que todo son derechos! Sus profesores, sus amigos, los padres de sus amigos, les dicen que todo vale, que merecen respeto sin habérselo ganado, ¿qué esperas? ¿Quieres renunciar ahora y dejar que Nicole haga lo que le dé la gana? Porque a ella todo esto no le importa, ella quiere coger el poder y lo demás le da igual, pero tú sí sabes cuál es nuestra misión, ¿verdad?

JANET   Sí.

MUJER M.   Entonces no me decepciones, Janet, y lucha. Eres nuestra elección, eres fundamental. Puedes hacerlo.

JANET   No sé si estoy preparada, podría quedarme en un segundo plano y dedicarme a reconstruir mi relación con Sophie...

MUJER M.   ¡No tienes nada que reconstruir! Tienes que demostrarle lo que es importante y lo que no, si ella tiene buena fibra se dará cuenta, y volverá a ti asqueada de ese mundo vacío.

JANET   ¿Y si no la tiene?

MUJER M.   Entonces, ¿para qué reconstruir nada? Venimos al mundo con una misión, y no hay nada más importante que eso. Tienes que creer en ti, todo lo que te ha traído hasta aquí tiene su razón de ser, no puedes rendirte ahora.

JANET A veces pienso que todo lo que hago no tiene sentido.

MUJER M. Ya no puedes volver atrás, a no ser que quieras volverte loca. Y tú no quieres volverte loca, ¿verdad? (JANET *niega*.) Entonces tienes que seguir, aún no estamos preparados, pero pronto lo estaremos. Aguanta. Tendrás tu oportunidad. Te ha llamado un hombre llamado Santiago, ¿verdad? Un verdadero hijo del trueno. Escúchalo. Las oportunidades siempre llegan para los valientes. Y verás que entonces habrá valido la pena.

(*Cambio de escena.*)

Escena 26.
Despacho de Nicole.

Nicole *en positivo.*

NICOLE Querida Janet, gracias por venir, sobre todo en estos momentos. En 20 días serán las elecciones regionales, y nuestras perspectivas son muy buenas. Tú no querías que nos presentáramos, pero aun así has hecho un trabajo fantástico, y te lo quería agradecer. Tú y yo tenemos que volver a ser un equipo. Te debo mucho, al menos tanto como tú a mí, y merece la pena intentarlo, espero que estés de acuerdo conmigo.

JANET Creo que merecería la pena si hay algo que intentar. Tú dirás.

NICOLE Tenemos diferencias. Es normal, la vida nos va cambiando, pero estamos de acuerdo en lo fundamental. Se trata de buscar la forma en la que cada una podamos dar lo mejor de nosotras mismas, sin choques. ¿Cómo lo ves?

JANET Todo suena muy bonito. Sigue.

NICOLE   Tú eres una gran líder con un gran potencial como presidenta de un partido, de un equipo o de un país. Pero yo también quiero seguir ejerciendo las funciones para las que he sido elegida sin interferencias. Podemos conseguir hacer estas dos cosas al mismo tiempo.

JANET   ¿Cómo?

NICOLE   Janet, creo que podrías hacer un estupendo papel siendo la candidata de las regiones del sur. Con total autonomía. Con libertad, somos un partido federal, podemos hacerlo.

(*Silencio. Ambas se miran.*)

JANET   Quieres quitarme de enmedio, ¿no?

NICOLE   No, quiero que podamos colaborar en pie de igualdad y manteniendo nuestra amistad y nuestra fórmula de equipo. En el sur te garantizo que tendrás una enorme autonomía. El tiempo no pasa en balde, no sabemos qué será dentro de cuatro, seis, ocho años. Habrá tiempo para todo.

(JANET *piensa.*)

JANET   Éramos un partido federal al que tú has conseguido descafeinar. Que puedas nombrarme candidata, al margen de las bases, es la mejor prueba. No existe autonomía para los líderes regionales, y lo sabes. Además de que yo nunca he creído en la política regional.

NICOLE   Lo sé, pero solo cuando tengamos el poder legislativo a nivel nacional, podremos cambiar esto. Sigo pensando como tú, pero de momento tenemos que aceptar las reglas de un juego que no hemos diseñado. Ya llegará el tiempo de cambiarlas. Te lo ofrezco con el corazón en la mano, Janet. No quiero el choque de trenes. Piénsatelo.

JANET   ¿Y si no acepto?

NICOLE   Entonces tendrás que acallar tu discurso, mantenerte en un segundo plano y ayudar aquí en algún puesto que podamos encontrarte, lejos de la primera línea. Voy a reformar el comité ejecutivo, necesitamos gente nueva para esta nueva etapa. Mario Vegguinetti, por ejemplo, va a dirigir la campaña de las europeas. Es la persona perfecta, conoce perfectamente el entramado internacional y se lleva bien con todas las familias.

JANET   Has planeado un destierro en toda regla. Tengo que pensarlo.

(*Cambio de escena.*)

Escena 27.
Vecinas.

> UINTILA y TEUDISELA *viendo la televisión, donde aparecen gráficos del gran ascenso del Partido Nacional.*

UINTILA   ¿Has visto como Sophie Müller le mete el dedo en el ojo todo el rato a su madre, Teudisela?

TEUDISELA   ¡Qué horror, Uintila! Meterle el dedo en el ojo a una madre es algo muy feo, además de que la puede dejar tuerta!

UINTILA   Me refiero a meterle el dedo figuradamente.

TEUDISELA   No te entiendo, Uintila, cada vez hablas más raro, se te está pegando de estos políticos.

UINTILA   Quiero decir que está todo el día fastidiándola, haciendo declaraciones escandalosas a los medios.

TEUDISELA   ¡Venga ya, Uintila! ¡Eso es imposible!

UINTILA   ¿Por qué?

TEUDISELA   ¡Porque ya nadie se escandaliza de nada!
              (*Ríen.*) Fíjate los del *National Party*: venían
              a adelgazar el estado y ahí los tienes, van a
              gobernar ya en ocho de las veinte regiones,
              en una ya se han subido el sueldo y, ¿quién
              se ha escandalizado?

UINTILA   Eso se llama cambiar de opinión, y es cosa
              de sabios. Pero las declaraciones de Sophie
              son escandalosas porque son sexuales.

TEUDISELA   ¡Qué me dices, Uintila! Cuenta, cuenta.

UINTILA   Sophie se acuesta a la vez con el hijo de la
              presidenta del Partido Nacional y con una
              guitarrista marroquí.

TEUDISELA   ¿En Marruecos hay mujeres guitarristas,
              Uintila?

UINTILA   Ya no. (*Ríen.*) La única que había está aquí.
              (*Ríen.*) Allí las mujeres no tocan, son gui-
              tarras.

TEUDISELA   Qué bonito, Uintila. Pero y ¿por qué dices que
              eso es escandaloso? Tú y yo nos hemos acos-
              tado muchas veces con varios hombre a la vez.

              (*Ríen.*)

UINTILA   Pero no se lo hemos contado a los perio-
              distas, Teudisela. Y a la madre de Sophie no

le gusta, porque no le gusta que su hija sea lesbiana.

TEUDISELA   (Con gesto de sorpresa.) ¡Pero si a quien le tiene que gustar es a su hija, Uintila!

UINTILA   Anda, déjalo, que hoy estás muy espesa, Teudisela, ¿será porque los del Nacional han subido diez puntos en las regionales y eso te encocora?

TEUDISELA   Lo que me encocora es que aún no han donado sus sueldos a las jubiladas. Todos los días lo miro en el periódico, pero nada.

UINTILA   Un poco de paciencia, Uintila. No es fácil donar un sueldo, supone mucho papeleo.

TEUDISELA   Lo sabes todo, Uintila, por eso me gustas tanto. ¿Sabes que me están dando ganas de darte un beso?

UINTILA   A mí también, Teudisela, te amo desde que, aun siendo muy, muy, muy pequeñas, ya éramos vecinas.

TEUDISELA   Creo que fui vecina tuya antes que hija de mi madre. ¿No es romántico?

(*Se dan un morreo. Luego ríen.*)

UINTILA   ¡Esto de ser lesbianas cada vez me gusta más!

Teudisela   ¡Nosotras también somos sabias!

(*Vuelven a morrearse. Cambio de escena.*)

Escena 28.
Fiesta electoral 2. Garito/discoteca.

SOPHIE e IVÁN *con copas. Música muy alta.*

IVÁN   (*Gritando para hacerse oír, sin apenas conseguirlo.*) ¡No te oigo! ¡No te entiendo nada!

SOPHIE   (*Idem.*) ¡Es que lo que te estoy diciendo no se puede gritar! ¡Es información muy reservada!

IVÁN   (*Idem.*) ¡¿Pero qué más da!? ¡Si no te escucho yo, que estoy pegado, nadie más te puede oír!

SOPHIE   (*Idem.*) ¡Ya, pero me da cosa!

IVÁN   (*Idem.*) ¡Da igual! ¡No sé qué sobre tu madre, creo que te he oído...!

SOPHIE   (*Idem, gritando a grito pelado.*) ¡Te decía que, cuando era empresaria, mi madre (*La música se acaba súbitamente, mientras* SOPHIE *sigue gritando hasta darse cuenta y bajar la voz.*) robó cinco millones de dinero público!

(*Ambos empiezan a reírse como locos, y se cambian de sitio, mirando a todos lados.*)

IVÁN   (*Aún riendo.*) No creo que nadie te haya oído.

SOPHIE   (*Ríe. Luego se pone seria.*) Eso espero. Tampoco quiero que acabe en la cárcel. Aunque la odie a muerte, es mi madre. Una cosa es una cosa, y otra, otra.

IVÁN   Tenéis la relación más rara que he visto nunca.

SOPHIE   A veces pienso que yo me he salvado por mi familia no-biológica.

IVÁN   ¿Y eso?

SOPHIE   La gente que conoces, la gente que escoges, no la que te toca. La familia está sobrevalorada, aunque si mi madre me oyera decir esto le daría un perrenque.

IVÁN   ¿Tu madre se lleva bien con la suya? ¿Con tu abuela? El otro día hablabas bien de ella.

SOPHIE   Mi abuela es un cielo. Pero su madre, mi bisabuela Greta, era un bicho, al parecer, y fue la que crio a mi madre. Mis abuelos emigraron y trabajaban en el extranjero, mandando dinero. Con ese dinero, mi bisabuela y mi madre, siendo aún muy joven, abrieron el primer hostal, que luego se convirtió en una cadena, y mi padre ayudó a ampliar hasta convertirse en los hoteleros de éxito que son ahora. Entre los dos poseen una docena de hoteles y otros tantos restaurantes. Mi abuelo murió y mi abuela se volvió, pero, entre su madre y la mía, le han hecho la vida imposible. Un chivo expiatorio en toda regla. Yo la quiero mucho y me da mucha pena. Realmente es a la única que quiero, de toda mi familia, a los demás, los gaseaba.

IVÁN   Pero qué bruta eres. Oye, y eso que has pregonado a los cuatro vientos, antes, ¿es verdad?

SOPHIE   (*Asiente y baja la voz.*) Lo oí cuando tenía catorce, creo, hace unos siete años. Mi padre y mi madre creían que dormía, pero me desperté y los oí. Me acuerdo perfectamente. Un terreno público de un ayuntamiento, con el que trapichearon, y además el alcalde puso luego una pasta que se repartieron. Ese fue el primer pelotazo que los lanzó a la fama, pero luego debió haber más, seguro.

IVÁN   Qué fuerte. ¿Cómo se llamaba el hotel?

SOPHIE   *Valley Resort*, en los Alpes. Suiza, ya se sabe. Oye, ¿te parece que nos movamos?

IVÁN   Yo estoy a gusto.

SOPHIE   Ya, pero Malika sale ahora de la pizzería, y me gustaría recogerla. Y a ella este ambiente, como que no.

(*A* IVÁN *se le tuerce el gesto un poco.*)

IVÁN   Ah.

SOPHIE   ¡Siempre nos lo pasamos bien!

IVÁN   (Sin ganas.) Ya. Vale, vamos.

              (*Cambio de escena.*)

Escena 29.
Despacho de Nicole.

JANET y NICOLE.

NICOLE   (*La mira fijamente.*) Creo que no vienes a dar-
              me una buena noticia.

JANET   Bastante tienes con las buenas noticias de las
              regionales, se ve que tu directora de campa-
              ña es muy buena. Vengo a proponerte otro
              pacto, porque el tuyo no me gusta.

NICOLE   Tú dirás.

JANET   Hace unos días me llamó un tal Santiago. Es
              un contable que trabajó hace un tiempo para
              vosotros, para Ronald, tu marido, y para ti,
              durante más de diez años.

              (*Pausa.*)

NICOLE   No vayas por ese camino, Janet.

JANET   Si ya sabes lo que voy a decir, quiere decir
              que este señor tiene razón.

NICOLE   No sé lo que vas a decir, ni lo que dice este
            señor. Pero ya llevas un tiempo en política,
            no tanto como yo, pero lo suficiente como
            para saber, primero, que nadie está nunca lo
            suficientemente limpio, si alguien decide en-
            suciarlo. Segundo, que una guerra entre no-
            sotras solo perjudicará al partido. Y tercero,
            que, puestos a ello, puedo ser mucho peor que
            tú, y eso te lo garantizo.

            (JANET *ríe.*)

JANET   Me encanta verte sacar los dientes. Estoy de
            acuerdo en todo lo que dices. Pero hay una
            diferencia sutil entre tú y yo. Y es que yo no
            tengo nada que perder. Soy una segundona
            que ha caído en desgracia, y a la que su so-
            cia quiere clavar un cuchillo por la espalda.
            Y además, soy rara. Lo que nos ha enseñado
            Santiago destrozará tu imagen pública como
            si fuera una bomba, también te lo garantizo.
            Y tu marido puede incluso ir a la cárcel. Pero
            no vengo a amenazarte, sino a lanzarte un
            reto, pensando en el partido.

NICOLE   ¿Qué reto?

JANET   Ten el valor de poner a prueba tus tesis.

NICOLE   ¿Qué tesis?

JANET   Tú crees que necesitas pactar previamente
            con la banca, los medios y los empresarios,

para ganar. Yo creo que podemos avanzar lo suficiente solos, con la gente, como para obligarlos a pactar, más tarde, y a comer de nuestra mano. Tú quieres ser Le Pen, y yo, Trump.

NICOLE   Eres una ingenua, ¿tú crees que Trump hubiera ganado nada sin el apoyo del Partido Republicano y toda su artillería?

JANET   A la vista está: los tiene dominados.

NICOLE   Trump es un payaso que perdió sus segundas elecciones en cuanto perdió alguno de sus apoyos, por ser un bocazas.

JANET   Aún no ha dicho su última palabra. Y Le Pen, a este paso, no ganará jamás, porque se está convirtiendo en lo mismo que ya había. Quería irse de Europa, y hacía bien, porque ese club es el que nos está robando nuestra alma. Pero al paso que va, ya nadie sabe lo que quiere, salvo el poder.

NICOLE   Está moviendo sus fichas, pero, en el fondo, sigue siendo ella.

JANET   ¡Jamás podrá ser ella, porque ya se ha perdido en el camino! Te propongo que te arriesgues a un pacto conmigo. No me voy a moderar en todo lo que tú –y vuestros amigos empresarios– querrían. Pero te prometo que negociaré contigo unos límites. Y luego, seguiremos nuestro instinto, ¿no es esto mucho más excitante? ¿No es hacer política de verdad? Principios, Nicole. Pactemos, tú y yo, esos principios. ¡Y volemos!

(NICOLE *la mira con un punto de miedo, pero calculando qué decir.*)

NICOLE   Ahora soy yo la que tiene que pensar.

JANET   Mis condiciones son que seguiré como directora de campaña, y como vicepresidenta, apoyándote lealmente, conforme a nuestro pacto, pero manteniendo mis atribuciones. Y que tu querido Santiago no abra la boca, por supuesto.

NICOLE   Tengo una reunión. Hablamos.

(NICOLE *sale, dejando a* JANET *dueña de su despacho. Cambio de escena.*)

Escena 30.
Casa de Nicole.

IVÁN. *Entra* NICOLE.

NICOLE   Hola, hijo, qué raro, últimamente no paras aquí. ¿Todo bien? ¿Qué tal te va con Sophie?

IVÁN   Bueno, no sé, cada vez me atrae más, pero a la vez me da más miedo.

NICOLE   ¿Miedo de qué?

IVÁN   Del ancho mar, madre. ¿Qué querías?

NICOLE   Que me contaras cómo os va. Su madre y yo estamos renovando nuestro pacto, por llamarlo de alguna manera, en el partido. ¡Pero qué personaje! Es una mujer muy compleja. La verdad es que cualquier información sobre cómo está ella, en estos momentos, me vendría muy bien. ¿No te ha comentado nada Sophie?

IVÁN   ¿Cómo qué?

NICOLE   No sé, cualquier cosa, la verdad es que Janet a veces me desconcierta, y es complicado saber qué es lo que piensa en el fondo, o de qué va. Y tengo que decidir si el partido confía en ella, o no. Y no todo el mundo está por la labor.

IVÁN   Pues la verdad es que no hablamos mucho de su madre, ¡salvo para ponerla verde! Sophie siempre está contando sus aspectos negativos, es algo que me sorprende.

NICOLE   Es una mujer dura. Aunque es mi amiga y hemos pasado mucho juntas, hay tanto que no conozco de ella, de su época anterior como empresaria... No me hagas mucho caso, estoy hecha un lío y un poco cansada.

IVÁN   Bueno, la verdad es que el otro día me comentó una cosa un poco fuerte, no sé si debería contártela, la verdad, por Sophie.

NICOLE   No me cuentes nada que creas que no debas contarme, hijo. Aunque sabes que ella y yo, con nuestras diferencias, siempre nos apoyaremos, al menos es lo que yo siento. Quizás ese es mi problema, no sé si es recíproco o hay cosas que ignoro...

IVÁN   Supongo que siendo presidenta y vicepresidenta del mismo partido, no hay peligro en que te cuente. Sophie me dijo que hace ya unos años, siete u ocho, oyó a sus padres hablar del pelotazo que iban a dar con un hotel en los Alpes suizos. *Valley Resort* creo que se llama. Dijo que corrompieron al alcalde del pueblo, que luego, además, se repartieron un pastón con él. Bueno, a partir de ahí, según ella, fue cuando se consagraron como grandes hoteleros. La verdad es que, pensándolo de nuevo, me extrañó que Sophie me contara algo así de su propia madre, creo que yo no lo haría.

NICOLE   Bueno, eso es signo de que tú transmites confianza, y es bueno. Gracias por contármelo. De todas formas, no es el tipo de información que andaba buscando, mucha gente ha hecho pequeños chanchullos cuando empezaba, y no creo que tenga demasiada importancia, olvídalo. Los niños lo magnifican todo.

IVÁN   Sobre todo, Sophie, lo vive con mucha intensidad.

NICOLE   Le viene de familia. Bueno, un día me tienes que contar eso del miedo al ancho mar, pero ahora sigo. Mañana tenemos un mitin para las europeas, que ya no queda nada!

(*Se besan. Cambio de escena.*)

Escena 31.
Despacho de Nicole.

DETECTIVE y NICOLE.

DETECTIVE   Definitivamente, hay tomate.

NICOLE   Desarrolla tomate.

DETECTIVE   La recalificación del terreno, muy fraudulenta, delito medioambiental. La adjudicación, al parecer, flagrante. Y la ejecución, hinchadísima. Janet Müller y su marido, Walter Moreau, no fueron los primeros empresarios, ni los últimos. Pero sí fueron los más gordos. El trapicheo con esa parcela, que es prodigiosa, fue bastante más burdo de lo normal, aunque lo valía. Y las comisiones pagadas batieron récords. *Der Oberbürgermeister,* que entonces tenía una amplia mayoría absoluta, parece que se las traía.

NICOLE   ¿El municipio está en un cantón alemán?

DETECTIVE   Cerca de la Selva Negra, sí. Y el señor alcalde, Wilhem Khunsack, lleva diez años sorteando juicios y denuncias, es muy escurridizo, pero todos dicen que acabará cayendo. Y si cae, será muy fácil conseguir que arrastre a tu pareja. No será difícil encontrar testigos.

NICOLE   ¿Y qué tal es el *Valley Resort*?

DETECTIVE   Un hotelazo. La *creme* de la aristocracia suiza, que no son unos muertos de hambre, vive allí. Hay un ex-gerente del hotel que podría estar dispuesto a colaborar y parece que un par de funcionarios, también. Pero aún hay mucho que hacer. Necesito más fondos.

NICOLE   Estoy impresionada, detective. En apenas diez días has encontrado oro.

DETECTIVE   Contrataste a la mejor. Pero la liebre estaba muy bien escogida. ¿Quién la levantó, por curiosidad?

NICOLE   Eso es información reservada.

DETECTIVE   Debe ser alguien que los odie –y los conozca– bastante.

NICOLE   Podría ser.

DETECTIVE   ¿Y esa persona no querría echar una mano?

NICOLE   No. Definitivo. Olvídate.

DETECTIVE   ¿De qué? Ya no me acuerdo qué he dicho...

NICOLE   Así me gusta. Hay otro tema, detective.

DETECTIVE   Dime.

NICOLE   Creo que Janet ha hablado con un antiguo contable nuestro...

DETECTIVE   ¿Con Santiago Poux? Perdona que te interrumpa.

NICOLE   Sí, ¿cómo lo sabes?

DETECTIVE   Tengo mis contactos, también reservados. El pobre tipo lleva muy mala vida, intentó ser bróker y se arruinó, ludópata, bebedor, por lo visto necesita dinero urgentemente.

NICOLE   Creo que está hablando demasiado. Sería bueno buscar alguna forma de presionarlo para que deje de abrir la boca.

DETECTIVE   De acuerdo, veré qué puedo hacer.

NICOLE   Mantenme informada al minuto. Habla con Marie, para los fondos, y máxima discreción, no queremos empañar nuestro seguro triunfo en las elecciones de mañana.

DETECTIVE   Hungría, Polonia, Italia, Inglaterra, Holanda, Francia, Dinamarca, Austria, Estonia... Rusia, Estados Unidos, Brasil, India, Nigeria... estáis creciendo en todos lados. No sé qué pasará en las generales dentro de tres meses. Pero si no os votara, me daríais miedo.

NICOLE   ¡Viene la marea!

(*Ríen. Cambio de escena.*)

Escena 32.
Vecinas.

Uintila y Teudisela *frente a la televisión.*

UINTILA   ¡Diez eurodiputados, Teudisela! Han sacado
diez y antes no tenían ninguno. ¿Y sabes por
qué sigue subiendo?

TEUDISELA   Ilumíname.

UINTILA   Porque Nicole Wallace se ha moderado.

TEUDISELA   ¿Ya no cree que todos los inmigrantes son
criminales y los euro-jueces unos hijos de
puta?

UINTILA   A lo mejor lo sigue pensando, pero no lo dice.

TEUDISELA   No, eso no, Uintila: dijeron que siempre iban
a decir lo que pensaban.

UINTILA   ¿Pero no te he dicho que se ha moderado
mucho?

TEUDISELA   No me entero. ¿Moderarse significa no decir lo que se piensa?

UINTILA   ¡Claro! Si no, ¡la gente no les vota!

TEUDISELA   ¡Ave María purísima!

UINTILA   Sin pecado concebida.

TEUDISELA   Pero el otro día Janet Müller dijo que no quería recibir más inmigrantes de países de mierda, que todos eran criminales y tenían SIDA.
¿Eso también es moderarse?

UINTILA   No. Janet Müller no se ha moderado y Nicole Wallace, sí. Por eso están peleadas, Teudisela, que no te enteras.

TEUDISELA   ¡Pobrecillas! A mí me daría mucha pena pelearme contigo, Uintila. Yo no me voy a moderar nunca.

UINTILA   Yo tampoco, Teudisela, me rompería el corazón pelearme contigo. Además de ser el sol
de mi vida, haces un estofado de muerte.

TEUDISELA   Qué cosas más bonitas me dices, Uintila.
¿Cómo no te voy a querer? Pero, a ver, si lo
he entendido bien: Nicole y Janet siguen pensando igual, ¿no? Solo que Nicole no lo dice.

UINTILA   Claro, pero luego la gente que les vota porque ha dicho otra cosa, quieren que lo cum-
pla. Y ahí vienen los problemas.

TEUDISELA   Pero una vez hayan ganado, los votos ya les
darán igual.

Uintila   Bueno... hay votos y votos.

Teudisela   ¿Pero no valían todos lo mismo?

             (Uintila *se ríe.*)

Uintila   ¿Cómo va a valer lo mismo el voto y el apoyo de una pueblerina perdida en el culo del mundo, que el de la presidenta, por ejemplo, de la petrolera más grande del país? ¡Alma de cántaro!

Teudisela   Ya veo por dónde vas, Uintila. ¿Y el tuyo y el mío tampoco valen lo mismo?

Uintila   Tú y yo somos igual de pringadas, Teudisela. Los nuestros son igualitos.

Teudisela   ¡Ay, qué bonito! Ya estoy contenta, Uintila. Sabes que con poco yo hago mucho. Hoy tengo purrusalda, para comer.

Uintila   ¡Me pirra la purrusalda, Teudisela!

Teudisela   Pues que nos quiten lo bailao. Hala, tira para la cocina.

             (*Cambio de escena.*)

Escena 33.
Garito-discoteca.

Música alta. Sophie *e* Iván.

Sophie   Me estoy enamorando de Malika.

Iván   Ya lo sé. Me has dicho muchas veces que te
                gusta mucho. A mí también me parece una
                tía maja.

Sophie   No es eso. Tú también me gustas, lo sabes,
                pero con Malika, creo que está cambiando la
                cosa.

                (*Pausa.*)

Iván   ¿En qué sentido?

Sophie   No sé, igual no tendría que decirte nada, pero
                sabes que soy muy sincera. Y prefiero decir
                las cosas en cuanto noto alguna señal, que a
                lo mejor luego es falsa, pero yo soy así.

                (Iván *asiente y la mira, esperando que hable.*)

Iván   Sigue.

SOPHIE   Malika y yo estamos pensando irnos a vivir juntas. Solas las dos. No queremos compartir con nadie más. Por supuesto que yo quiero seguir también manteniendo mi relación contigo, pero nunca he estado tan bien con nadie, como con ella. Creo que me entiende mejor de lo que yo me entiendo. Yo soy muy loca, tú lo sabes, pero esta mujer viene conmigo a las locuras, pero luego, con ella, hay otros espacios, otros momentos, en los que la locura deja de tener importancia. Nunca me había pasado. Igual es la crisis de los veinte. Pero siento que tengo que profundizar ahí.

(*Pausa larga.*)

IVÁN   Me estás diciendo que os vais a vivir juntas, ¿y qué más me estás diciendo?

SOPHIE   Bueno, eso, sobre todo. Yo quiero que nos sigamos viendo, y saliendo, y todo lo que surja, pero tengo esa sensación, y quería compartirla contigo. Esto no supone un cambio, realmente, entre tú y yo, quiero decir, que tampoco éramos un matrimonio. Siempre hemos hablado de la libertad en los sentimientos, ¿no? Y no sé si te importa, pero prefiero comentarlo contigo.

(*Pausa.*)

IVÁN   Bueno, si realmente no cambia nada, no creo que...

(*Pausa.*)

SOPHIE   ¿No crees qué?

(*Pausa.*)

IVÁN   Perdóname, Sophie. La verdad es que sí me importa, te iba a decir que no, creo que para salvar algo, pero la verdad es que me gustaría ser yo el que ocupara esos espacios más allá de la locura, y no Malika. Así que esto me afecta, lo siento. No pretendo nada, las cosas son así, pero... No sé si me apetece seguir, o cómo. Lo siento, me parece muy bien que me lo hayas dicho, te lo agradezco, pero ahora prefiero irme y darme un tiempo para aclararme.

(IVÁN *inicia la salida.*)

SOPHIE   Pero Iván, ¿te vas?

IVÁN   Sí. Malika está a punto de llegar, y hoy no quiero verla.

SOPHIE   Iván, yo no quiero perder mi relación contigo.

IVÁN   No sé si la relación que tenemos es la que yo quiero. Me voy, hablaremos.

(IVÁN *sale. Cambio de escena.*)

Escena 34.
Casa de Sophie.

JANET y SOPHIE.

JANET   Por eso he venido, si no fuera un favor deses-
               perado lo que te tengo que pedir, no te ha-
               bría llamado.

SOPHIE   ¿Qué pasa?

JANET   Creo que Nicole está investigando sobre nues-
               tra familia. Creo que pretende sacar trapos
               sucios, para obligarme a dimitir antes de la
               campaña para las generales, que empieza en
               un mes. O incluso para mandarnos, a tu pa-
               dre y a mí, a la cárcel. Con tal de quitarme
               de enmedio, la creo capaz.

SOPHIE   Lo siento, pero no entiendo qué puedo ha-
               cer yo.

JANET   Dos cosas: ¿tú sabes algo?

SOPHIE   ¿¡Yo!? A mí no me importa una mierda lo
               que os pase en ese partido tuyo. ¿Qué voy a
               saber yo?

JANET Piensa. A través de Iván, algo que se te haya escapado, estando él presente, o que le hayas contado, aún sin darte cuenta, alguna referencia a algún asunto del pasado. No sé bien por dónde van los tiros, pero creo que está buscando cosas de antes de que me metiera en política, de mi época de empresaria. ¿Puedes haberle contado algo a Iván? ¿O te ha contado Iván algo?

(*Pausa.* SOPHIE *la mira, inexpresiva. Luego habla.*)

SOPHIE Estoy pensando, pero no se me ocurre nada. Ni yo le he dicho nada, ni recuerdo que él me haya dicho algo así, o relacionado con eso. Normalmente no hablamos de vuestro partido, ni de vosotras dos.

JANET ¿Estás segura?

SOPHIE Completamente. ¿Y la segunda cosa? Hablaste de dos.

JANET Para defenderme, necesito saber algunas cosas sobre las inversiones de su familia. Un antiguo contable suyo me está ayudando, pero igual tú puedes indagar con Iván lo que recuerde de un par de casas, caserones más bien, en la costa, en el norte, de hace unos años, él ya tendría ocho o diez. Luego se desprendieron de ellos, pero necesito saber si vivieron allí un tiempo o no.

SOPHIE   ¿Me estás pidiendo que espíe a Iván para ti?

JANET   No que lo espíes, que hables con él. Hablas a menudo.

SOPHIE   Ya no.

JANET   ¿Ha pasado algo?

SOPHIE   Sí. No quiere verme más.

JANET   ¿Qué le has hecho?

SOPHIE   Nada, solo le dije que me iba a vivir con Malika.

JANET   ¿Estás viviendo con Malika?

SOPHIE   Desde hace quince días.

JANET   ¿Compartiendo piso?

SOPHIE   Y cama, si es lo que te interesa. Lo compartimos todo. Somos novias. Pareja. Amantes. Marida y mujer. Y nos une una fuerza mucho mayor de la que nunca te unió a ti con papá.

             (*Pausa,* JANET *acusa el golpe.*)

JANET   ¿Qué te he hecho para que me odies así?

SOPHIE   Ya no te odio. Lo he hecho, pero ya no. Tú también habrás tenido tus problemas. Igual que esa abuela loca. Otra época, otras cosas, no lo sé. Pero sí sé que ya no quiero formar parte de tu mundo. Estoy acostándome con una inmigrante marroquí. De las que no tienen trabajo. De las que entraron ilegalmente, ¿lo sabías? Aunque ya tiene papeles, pero no gracias a ti. De las que parasitan, según vosotros, nuestro sistema sanitario. Pero es mejor persona que tú. Y no por su forma de ser, sino por su forma de pensar, ¿comprendes? La vida está llamando a nuestra puerta, el resto del planeta está llamando a nuestra puerta. Pero vosotros no queréis abrir. Tú metes la cabeza en un agujero del pasado, o peor, la sacas para dar picotazos. Eres mala, madre. Yo he llorado noches y noches por ti, ¿sabes? Porque me dabas miedo, porque yo te daba asco, porque jamás me has aceptado. Pero ya no hay más lloros, se acabó. Vienes ahora a pedirme que espíe a un hombre joven que acabará siendo como vosotras, para hundir a la que dices que era tu amiga, que también quiere hundirte, ¡¿qué mundo de mierda es ese que queréis levantar?! No quiero ayudarte, madre, no quiero verte más. Vete, por favor. Vete.

JANET   Para no odiarme, lo disimulas muy bien.

(JANET *sale. Cambio de escena.*)

Escena 35.
En lo profundo del bosque.

Janet *acude a lamentarse con la* Mujer Misteriosa.

Mujer Misteriosa   El mundo entero está cambiando, Janet, para peor. De nuevo es el momento de los fuertes. Nuestra misión es salvar a la gente, incluso de ella misma. Pero no a los individuos concretos, lo que importa son las culturas, las naciones. Hay que levantar un orden nuevo. Y solo en la guerra se forjan los más fuertes, por eso siempre es necesario mantener vivo el espíritu de la guerra, que renueva la sociedad y se lleva la hojarasca acumulada, la porquería. Los incendios sirven para sanear los bosques, porque los árboles débiles y retorcidos, los debilitan, los tornan propensos a las enfermedades: esto es una verdad biológica.

Janet   ¿Lo dice por mi hija?

Mujer M.   Tu hija se ha convertido en una vergüenza para todos, pero, sobre todo, en un problema para ti. En el momento en que necesitas —en que todos necesitamos—, que estes más fuerte y entera, esta puñalada trapera de tu hija te convertirte en una mujer débil y confundida. No puede ser. Olvídate de tu hija, y céntrate en tu misión. Todos confiamos en ti, no en Nicole. Todos los ojos están fijos en ti.

JANET   Me resulta difícil hacerlo, sabiendo que mi propia sangre, parte de la sangre que me ha traído hasta aquí, me odia y querría verme destruida.

MUJER M.   Muchos querrían verte destruida. Muchos querrían que no existiéramos, porque decimos la verdad. ¿Desde cuándo te ha preocupado eso? ¿Te has vuelto cobarde? (JANET *niega con la cabeza*.) Si tu hija se ha pasado al enemigo, es solo una más, ¿qué importancia tiene? Ya no es tu hija. (JANET *afirma con la cabeza*.) Céntrate en las elecciones y en neutralizar a Nicole. Nosotros te ayudaremos.

(JANET *afirma con la cabeza. Cambio de escena.*)

Escena 36.
Casa de Nicole.

NICOLE *e* IVÁN.

NICOLE   Hijo, me han llegado rumores de que Sophie
              y tú no estáis bien.

IVÁN   ¿Rumores? Esa hija de puta lo cuenta todo
              a los cuatro vientos.

NICOLE   Vaya, siento ver que es verdad. ¿Qué ha pa-
              sado?

IVÁN   Se ha ido a vivir con esa guitarrista intrigan-
              te y a mí me ha mandado a la mierda. No le
              intereso, no la lleno. Solo soy un entreteni-
              miento para ella mientras esa marroquí de los
              cojones está trabajando, y yo por ahí no paso.

NICOLE   Me parece muy bien que te hagas valer, Iván.
              Pero te noto mal. ¿Quieres hablar?

IVÁN   No sé. Me ha jodido mucho, lo tengo que
              admitir.

NICOLE   Es fundamental darse importancia a uno mis-
              mo, y eso consiste en tomarse en serio los

propios sentimientos. Si te ha dolido, te ha dolido, no tienes por qué avergonzarte de ello.

IVÁN   Me ha jodido que se vaya con otra tía, y sé que no es machismo, pero tampoco sé bien qué es. He tenido rivales con otras mujeres y es normal, no pasa nada. Pero yo sé que le interesaba a Sophie, pero ahora... no sé, es como que cambia de universo. Ya no juega al mismo deporte. Malika es una hija de puta, pero no es una rival, no puedo luchar contra eso. Y me pone de muy mala leche.

(*Pausa. Su madre le revuelve el pelo en gesto de cariño.*)

NICOLE   Supongo que es jodido. No puedo darte ningún consejo. Estamos haciendo un mundo cada vez más complicado. Pero me parece una virtud que seas honesto contigo mismo. Y aquí me tienes para lo que quieras, ¿vale?

IVÁN   Vale. Gracias. Sophie sigue contando su vida privada al primer periodista que le pregunta. ¿Cómo lo lleváis en el partido?

NICOLE   No te preocupes. Su madre y yo también estamos en crisis. Y voy a tener que tomar algunas medidas que no le van a gustar. Es bueno que ya no estés con su hija, así tengo el camino más libre.

IVÁN   Por mí, vía libre: una autopista para hacer lo
              que tengas que hacer.

NICOLE   Gracias. Y ánimo.

              (*Cambio de escena.*)

Escena 37.
Despacho de Nicole.

NICOLE, *entra* JANET.

JANET   Me has llamado. No es habitual. ¿Es por el documento de la estrategia de las generales que estoy preparando?

NICOLE   No. Siéntate.

JANET   Tú dirás.

NICOLE   Desde que me amenazaste, hace mes y medio, con hacer públicas las declaraciones de un ex-contable ludópata y borracho, he mantenido la calma y ese extraño pacto que hicimos entonces, por el bien del partido. Hemos subido como nunca, gracias a que hemos moderado el discurso, y por primera vez tenemos una oportunidad, quizás, de ganar en las generales, dentro de dos meses, y gobernar. Ese objetivo hacía necesario contemporizar contigo. Pero durante este tiempo también he movido mis fichas, por el bien del partido.

(NICOLE *le pasa una carpeta con documentos.*)

JANET   ¿Qué es esto?

NICOLE   Copia de documentos de *Valley Resort*. El bu-
          fete de Roselson y abogados espera una or-
          den mía para poner todo en marcha, así como
          nuestro gabinete de prensa, encabezado des-
          de ayer por Valerie. Hay material suficiente
          para reabrir el tema, que aún no ha prescri-
          to, desde luego. Para empapelar al alcalde, a
          tu marido y a ti. Sobre todo a ti: no solo son
          delitos de corrupción, sino medioambien-
          tales, e incluso desapariciones, cosas muy
          raras. Tenemos testigos. El comité del par-
          tido, en cuanto esto viera la luz, te cesaría
          de forma fulminante y te expulsaría. Y nos
          personaríamos en la causa como acusación.
          Prefiero no hacerlo público, naturalmente,
          pero está todo listo para hacerlo, si es nece-
          sario. Para evitarlo hemos preparado esta
          nota de prensa (*Le pasa un papel.*), en la que
          explicas que, por motivos personales y de sa-
          lud, dejarás tus cargos en el partido a finales
          de esta semana, aunque seguirás como mili-
          tante, si lo deseas. Creo que lo más normal
          sería que siguieras militando durante un tiem-
          po prudencial. Veguinetti te sustituirá como
          director de campaña, y el vicepresidente se-
          gundo ocupará tu cargo, como manda el re-
          glamento, ya está todo preparado. Haremos
          una transición tranquila y rápida, contarás
          con el respaldo del partido y podrás seguir
          con tu vida, en cualquier parte, menos aquí.
          No intentes hablar con tu contable, Santiago,

porque no lo vas a localizar. Creo que ya te has dado cuenta. Hemos conseguido que se lo piense mejor. Y no tengo mucho más que añadir. No es nada personal, pero tengo que velar por el partido. Te ruego que firmes esa nota.

JANET   Voy a leerme esta información y te diré qué hago.

NICOLE   Muy bien, tienes esta mañana de plazo. Antes de mediodía quiero esa nota firmada, o procederé.

JANET   Procederás una mierda. No necesito hablar con Santiago, es cierto que lo he intentado sin éxito en los últimos días, me siento halagada por el espionaje. Pero ya tengo bastante información para poder hundiros sin él. Me estudiaré esta información y pensaré qué hacer. En breve recibirás noticias mías, puedes inventarte algo para explicar mi ausencia estos días, pero no te voy a firmar esa nota, de momento. Tú misma. (JANET *inicia salida. Se detiene y pregunta.*) ¿Quién te ha hablado de *Valley Resort*?

NICOLE   (*Sonríe con cara de circunstancias.*) No creo que quieras saberlo.

(JANET *afirma con la cabeza. Y sale. Cambio de escena.*)

Escena 38.
Casa de Nicole.

NICOLE *y su marido,* RONALD.

RONALD   ¿Aún nada? Han pasado quince días desde
           que se lo dijiste.

NICOLE   Nada, ha desaparecido. Nadie sabe dónde
           está. De momento aguantamos con la nota
           de viaje por asuntos médicos personales, na-
           die está metiendo la nariz, pero cuando em-
           piece la campaña va a ser más complicado.

RONALD   ¿Por qué no hablas con Roselson, que des-
           tape el asunto, y acabáis con todo esto? Ne-
           cesitas llegar a las generales limpia. Si lo de
           Janet estalla en medio de la campaña, tam-
           poco será bueno.

NICOLE   (*Niega.*) Aún no.

RONALD   ¿Por?

NICOLE   Lo siento. Mi instinto. Sé que no es una res-
           puesta muy buena, pero es la única que ten-
           go. Prefiero esperar. Destapar todo esto, con

ella en paradero desconocido, tampoco sería lo mismo.

RONALD   Que nadie sepa dónde está me tiene muy preocupado, Nicole. Puede hacer cualquier cosa. Esto puede salirse de madre muy fácilmente.

NICOLE   ¿Cómo qué?

RONALD   Tú la conoces mejor, en los últimos tiempos yo la he visto casi desequilibrada. Puede lanzar una denuncia, hacer que te detengan, esa loca puede estar urdiendo cualquier cosa.

NICOLE   Sí, pero creo que es mejor no perder la calma y no dar aún ese paso. Intuyo que en algún momento aparecerá. Y creo que esto aún es una cosa personal entre ella y yo.

RONALD   No sé si eso me tranquiliza.

NICOLE   Puedo aguantarlo. Y más con unas encuestas que nos dan como posibles ganadores. Podríamos incluso arrasar.

RONALD   Mientras no te dé un infarto.

NICOLE   Eso es cosa de hombres.

RONALD   Ya no. Por cierto, hablando de hombres, ¿has leído la noticia de Finisterre?

NICOLE   No. ¿Qué?

RONALD   Han encontrado, en una cabaña del monte, un viejo refugio, a un hombre muerto hace veinte días. Al parecer un suicidio.

NICOLE   ¿Y?

RONALD   Se trata de Santiago Poux, ¿te suena?

NICOLE   Vagamente.

RONALD   Fue contable nuestro, hace más de diez años.

NICOLE   ¿Qué me dices?

RONALD   Sí, parece que luego se arruinó, se hizo ludópata y se metió en alcohol y drogas. También puede ser un ajuste de cuentas. De momento nadie lo ha relacionado conmigo.

NICOLE   Mejor, la gente es muy conspiranóica. Pero quien mal anda...

RONALD   Ya es la hora. Me voy al aeropuerto. Nicole, toma precauciones. Esa amiga tuya está muy loca. Te veo en tres días.

NICOLE   Ex-amiga. Me cuidaré. Buen viaje, mi amor.

(*Beso de despedida y cambio de escena.*)

Escena 39.
En lo profundo del bosque.

MUJER MISTERIOSA   Durante la guerra tuve que matar
a enemigos, incluso a amigos, y no me tem-
bló el pulso. Te lo he contado alguna vez. Si
hay que mancharse las manos, se las man-
cha una. Luego se las lava y sigue. La vida
necesita de la muerte, pero no de la cobar-
día o la inacción. Solo los fuertes marcan una
diferencia.

JANET   Me tiene cogida por los ovarios.

MUJER M.   No flaquees, tú también.

JANET   Sin el contable ya no tengo caso, fue un farol.

MUJER M.   Entonces tendrás que buscar otra solución,
¿o te vas a rendir?

JANET   Necesito ayuda.

MUJER M.   Si tú te ayudas, yo te ayudo. Lo sabes. Todos
te ayudaremos. Los que importan. ¿Quién le
habló a Nicole de tu asunto?

JANET   Mi propia hija.

MUJER M.   Te lo dije, ya no es tu hija.

JANET   No.

MUJER M.   Solo te tienes a ti misma. Así que deja de lamentarte y actúa, antes de que sea tarde. Demuéstrale a tu hija quién tiene la razón. Quién es la primera. Te ayudaremos si lo haces. Nicole no es de fiar, no puede seguir presidiendo el partido, y mucho menos gobernar. Si ella desapareciera, tú serías la presidenta, nadie lo impediría ni se pondrían a sacar trapos sucios, en medio de la crisis, y tendrías todo nuestro apoyo. Sabes que puede hacerse.

JANET   Sé que puede hacerse.

MUJER M.   Tienes acceso a su despacho.

JANET   Tengo acceso a su despacho.

MUJER M.   Tienes hojas con su firma.

JANET   Tengo hojas con su firma.

MUJER M.   Tienes el dossier del contable.

JANET   Tengo el dossier del contable.

MUJER M.   Si se suicidara sobre su confesión, todos diríamos que es verosímil.

JANET   Si se suicidara sobre su confesión, todos dirían que es verosímil.

MUJER M.   Tienes su pistola, desde que entrenabais tiro.

JANET   Tengo su pistola, desde que entrenábamos tiro.

MUJER M.
/JANET   (*Hablan a la vez, sincronizadamente, la luz baja paulatinamente sobre la* MUJER MISTERIOSA.)
—¿Entonces a qué esperas/o?
—Tengo/Tienes que ser fuerte.
—Como lo era/s yo/tú, durante la guerra.
—¿Por qué tu/mi hija/madre era tan débil?

(*La* MUJER MISTERIOSA *se reabsorbe en las sombras y sobre el escenario queda solo* JANET.)

JANET   Por miedo, mi madre era débil por miedo. Y el miedo es lo peor del mundo. Gracias Greta.

(*Cambio de escena.*)

Escena 40.
Iván en entrevista.

IVÁN *frente a una* PERIODISTA *que lo está grabando con cámara y micro.*

PERIODISTA 4   Hoy es el gran día. Iván, ¿crees que tu madre y el Partido Nacional van a ganar estas elecciones?

IVÁN   Desde luego que sí. Las encuestas son claras. Y creo que van a ganar, además, con mayoría suficiente para gobernar tranquilamente.

PERIODISTA 4   ¿Mayoría absoluta?

IVÁN   Espero que sí, pero si no lo es, andará muy cerca, no necesitarán grandes pactos.

PERIODISTA 4   Aunque no tienes por qué responder, ¿vas a votar a tu madre? Esta entrevista no saldrá hasta mañana, por ley.

IVÁN   Por supuesto que voy a votar al Partido Nacional. Son los únicos con propuestas claras. Los únicos que pueden devolver a la gente el orgullo y la alegría de ser ciudadanos de este gran país, y enfrentar las crisis, de todo tipo, en las que estamos inmersos.

PERIODISTA 4   Tu ex-novia, Sophie Moreau Müller, ha declarado, en los últimos días, más o menos, todo lo contrario. ¿Cómo dos personas tan diferentes pudieron estar juntas? ¿Cómo era vuestra relación?

IVÁN   (*Con una amplia sonrisa.*) Privada, nuestra relación era privada, como deben ser las relaciones entre personas. Pero sí te diré que también fue un aprendizaje. En el Partido Nacional somos curiosos. Queremos aprender, pero tenemos criterio para valorar las cosas y tomar decisiones. A mí no me gustaba la forma de ser mujer que tenía Sophie. Conocí, aprendí, valoré y tomé mi decisión.

PERIODISTA 4   ¿Qué es lo que no te gustaba de su forma de ser mujer?

IVÁN   Que era una forma agresiva, reactiva. No surgía de forma espontánea, sino mediatizada por muchas cosas, y al final no estaba a gusto.

PERIODISTA 4   Bueno, nuestra personalidad en el fondo, en todos los casos, es solo nuestra forma de reaccionar ante los estímulos y los problemas del mundo. A lo mejor, en su mundo, no era una mala forma.

Iván	Puede ser, pero eso se lo tendrás que preguntar a ella. En mí mundo, no encajaba.
Periodista 4	Hablando de mundos, su madre, la vicepresidenta del partido, aún no ha vuelto de su viaje por razones personales de salud, ¿sabes cómo se encuentra? ¿No es raro que el día de las elecciones aún no haya dado señales de vida? Hay gente que especula con las teorías más peregrinas.
Iván	No sé más que vosotros, pero en el Partido están tranquilos. La directiva es un buen equipo y tiene capacidad sobrada para cubrir las funciones de algún ausente, si este lo necesita. Seguro que aparecerá en cualquier momento. No creo que tenga mayor importancia.
Periodista 4	Mucha gente no opina igual, pero bueno. Por tus palabras, entiendo que te has afiliado al Partido Nacional, ¿o me equivoco?
Iván	No, hace un mes aproximadamente que me he afiliado.
Periodista 4	¿Te interesa la carrera política?
Iván	Estoy en la base, y hay mucho que aprender. Pero no la descarto.
Periodista 4	¿Y qué es lo que te atrae de ella? ¿Para qué crees que sirve?

IVÁN   En último extremo, para que los líderes con
            criterios e ideas lleguen al poder. Antes,
            hace muchos siglos, llegaba el más bruto, o
            el que tenía más poder militar, económico
            o astucia. Hoy día está la política para ha-
            cer esto. La gente escoge a sus jefes. Y lo
            ideal es que sean jefes capaces y decididos.

PERIODISTA 4   ¿Y a ti te gustaría ser jefe?

IVÁN   ¿A quién no? Si la gente me escoge, para lo
            que sea, cumpliré. Vengo de una familia de
            cumplidores.

            (*Cambio de escena.*)

Escena 41.
Despacho de Nicole.

*Noche de las generales. Despacho en penumbra.
Entra* JANET, *elegante, con sombrero, guantes y
un sofisticado bolso. Afuera se oye música, gen-
tío, petardos y fuegos artificiales. Se sienta en
un sillón, frente a la mesa de trabajo de* NICO-
LE. *Mira el reloj y espera, con el bolso sobre las
rodillas. Al poco, entra* NICOLE.

JANET   Sabía que vendrías.

NICOLE (*Sorprendida.*) ¿Janet? Qué susto me has dado.
¿Por dónde has entrado?

JANET   Por la entrada discreta. Sigo siendo la vicepresidenta. Y la persona que mejor te conoce en este Partido.

NICOLE Me has dado una sorpresa.

JANET   No tengas miedo.

NICOLE Nunca te he tenido miedo, Janet.

JANET   Me alegro. Vengo a hablar contigo.

NICOLE Podrías haber avisado.

JANET   Sabía que estarías aquí, incluso hoy. Eres tan previsible.

NICOLE   Espero que vengas a firmar tu renuncia y a confirmar nuestro pacto.

JANET   (*Suspira.*) Sí, a eso vengo.

(*Pausa.* NICOLE *la mira con suspicacia.*)

NICOLE   Para eso no hacía falta que te colaras de incógnito en mi despacho, justo esta noche.

JANET   Yo no soy previsible, querida. No soy una puta máquina de buscar poder. Soy un ser humano, con sus rarezas, y que a veces actúa por impulso. Pero has ganado. Me retiro y lo dejo todo para ti. Sin embargo, sí hay un par de cosas que me gustaría pactar, antes de firmar. Nada del otro mundo. Te las he traído aquí, por escrito. Estúdialas, por favor, y si te parecen bien, firmaré la renuncia ahora mismo, antes de que salgas a celebrarlo.

(JANET *se levanta, saca unos papeles del bolso y los deja en la mesa de* NICOLE, *y se queda junto a la silla.* NICOLE *la mira, decidiendo qué hacer. Desde el exterior llega la música, el jolgorio y el ruido de los petardos y los fuegos artificiales.*)

NICOLE   ¿De qué se trata?

JANET   Bagatelas, no me hagas decírtelas en voz alta, por favor, no me hagas suplicar. Ahí las tienes. (*Indica a* NICOLE *los papeles sobre la mesa.* NICOLE *se acerca, sin dejar de mirarla.* JANET *se aleja dos pasos de la mesa.*) Hoy va a ser tu gran noche de triunfo, desde luego. Vas a conseguir mayoría absoluta y te vas a librar de la pesada que te hacía la vida imposible con sus ideas trasnochadas. Enhorabuena, quiero ser la primera en felicitarte por ambos logros. Tú y yo somos muy diferentes, pero igual lo que yo busco no se alcanza a través de la política. En la política hay demasiados intereses contrapuestos. Y al final las fuerzas se agotan en el tira y afloja. Creo que voy a empezar a escribir, ¿sabes? Escribiendo se tiene todo el control, eres dios, y cuando has llegado a demostrar que tienes criterio, que conoces la realidad y tienes algo que decir, siempre habrá gente que te lea, ¿no crees? Tú me dijiste un día: escribe. Y mira por dónde, al final te voy a hacer caso.

(NICOLE *se sienta y ojea los papeles mientras* JANET *habla, sin quitarle del todo la mirada de encima. En un momento en que se concentra algo más en la lectura,* JANET, *que se ha acercado de nuevo a la mesa, saca una pistola del bolso con la mano enguantada y la acerca rápidamente a la sien de* NICOLE. *Todo sucede en una fracción de segundo.* NICOLE *retrocede y le empuja la mano justo cuando suena el disparo, que falla su objetivo.* NICOLE *agarra el brazo de* JANET *y lo golpea contra la mesa. Con el golpe,* JANET *suelta la pistola, que cae al suelo, al otro lado de la mesa.* NICOLE *la empuja con todas sus fuerzas,* JANET *trastabilla y cae al suelo.* NICOLE *abre el cajón de la mesa, saca otra pistola y antes de que* JANET *pueda incorporarse le dispara dos veces, rápido, pero apuntando al pecho. Con el ruido exterior, seguramente nadie ha oído nada.* NICOLE *la mira, sin dejarla de apuntar con la pistola.* JANET *aún mueve la cabeza.* JANET *sonríe.*) También fui yo la que te enseñó a disparar. Buena alumna. Hija de puta.

(JANET *muere.* NICOLE *se acerca con cuidado, y sin dejar de apuntar, le busca el pulso en el cuello. Luego coge, con un pañuelo, la pistola de* JANET, *que estaba en el suelo, al otro lado de la mesa, y la deja cerca de su mano. Sin dejar de apuntarla, por si acaso, saca el móvil y llama.*)

NICOLE   ¿Ronald? (...) Buenísima noticia, pero ahora, con la mayor discreción, sin que nadie te siga, ven a mi despacho inmediatamente. (...) Sí. (...) Estoy bien, pero te necesito. Ha ocurrido algo.

(*Cuelga. Mira el cuerpo de* JANET.)

NICOLE   Mayoría absoluta. Gracias, amiga mía.

(*Cambio de escena.*)

Escena 42.
Vecinas.

UINTILA y TEUDISELA, *al día siguiente. Frente a la televisión.*

TEUDISELA   (*Bosteza, recién levantada.*) Buenos días, Uintila. ¿Qué ha pasado? Anoche me quedé dormida.

UINTILA   Mayoría absoluta y fiambre, Teudisela, eso es lo que ha pasado.

TEUDISELA   ¿Cómo fiambre, Uintila? ¿Además de diputados votaban a chorizos también?

(*Ambas ríen.*)

UINTILA   Ja, ja, muy bueno, pero me refiero a que Janet Müller es fiambre, porque Nicole Wallace la ha matado esta noche.

TEUDISELA   ¡Qué! ¡Qué horror, Uintila! ¿Cómo?

UINTILA   Le pegó dos tiros con una pistola.

TEUDISELA   Qué barbaridad. ¿Y quién ha ganado las elecciones?

UINTILA   Nicole Wallace.

TEUDISELA   Claro, como para no votarla.

UINTILA   No, no tiene nada que ver. Primero salió ganadora, y luego le pegó dos tiros.

TEUDISELA   Pues si llega a perder, imagina la que lía.

UINTILA   No, Teudisela, fue en defensa propia. Janet Müller se volvió loca e intentó matar a Nicole primero. Pero ella fue más rápida.

TEUDISELA   Parece una de vaqueros.

UINTILA   La policía ha dicho que aún tiene que investigar más, pero parece que todo está bastante claro, se ha filtrado que Janet llevaba en el bolso una carta falsa al juez, en nombre de Nicole, y quería matarla para que pareciera un suicidio, por un escándalo que ya había prescrito.

TEUDISELA   Uf. Ahora parece un *triyér*.

UINTILA   *Thriller,* Teudisela. *Thriller.* Por lo visto Janet tenía en una cabaña una especie de altar a su abuela, una falangista que se volvió loca, y le transmitió el virus o el gen, y ella también se volvió loca. A veces se creía su abuela.

TEUDISELA   Y ahora, una de terror, vaya panorama...

UINTILA   ¿Verdad? ¡Me encanta! Me lo estoy pasando
             bomba. Siéntate, aquí, a mi ladito. Te echa-
             ba de menos, Teudisela, pero no me he le-
             vantado ni a mear. Esto es mejor que *Game
             of Thrones*.

TEUDISELA   ¿Que qué?

UINTILA   Juego de tronos, Teudisela, por fin ya hay
             sangre también. Ahora es mucho más emo-
             cionante.

TEUDISELA   Y gratis.

UINTILA   Además.

TEUDISELA   Bueno, vuelvo corriendo, pero tendremos
             que desayunar, ¿no, Uintila? Tengo unos co-
             pos veganos de quinoa ecológica que deben
             estar de muerte.

UINTILA   (*Se la queda mirando, sorprendida.*) ¿Con
             gluten?

TEUDISELA   No, sin gluten, y justos. Del nuevo Eroski de
             la esquina, la chica es muy simpática.

UINTILA   ¡Me pirran los copos veganos de quinoa eco-
             lógica! ¿Me traes una taza? Es que va a salir
             un psiquiatra neerlandés experto en críme-
             nes en serie de líderes políticos, y no quiero
             perdérmelo.

TEUDISELA   Yo te la traigo, mi amor, y me lo cuentas todo.
              ¿Leche de avena?

UINTILA   Prefiero de arroz basmati integral, Uintila,
              sin azúcares añadidos y baja en sorbitol.

TEUDISELA   ¡Marchando!

UINTILA   ¡Gracias, guapa!

TEUDISELA   Las que tú tienes. ¡Me lo paso contigo mu-
              cho mejor que con mi difunto!

UINTILA   ¡Ni color! (*sale* TEUDISELA.) Qué maja es esta
              Teudisela, cago en la leche.

              (*Cambio de escena.*)

Escena 43.

Un año después. Despacho de la presidenta.

NICOLE e IVÁN.

IVÁN   Presidenta madre, entonces, ¿metemos o no
            metemos las reflexiones de Marco Aurelio
            sobre la conquista del poder y el servicio a
            la Nación como deberes del gobernante?

NICOLE   Sí, mételas. ¿Para qué es?

IVÁN   El discurso al parlamento sobre limitación
            del poder regional.

NICOLE   Sí, bien, que vayan abriendo sus acartonadas
            mentes de pequeños demócratas timoratos.

            (IVÁN ríe.)

IVÁN   Me gusta eso.

NICOLE   Porque el siguiente paso no será la limita-
            ción, sino la supresión. Por cierto, ¿qué tal
            en el departamento de régimen interno?

IVÁN   Muy bien, aprendiendo mucho.

NICOLE   Controlar a los tuyos es casi tan importante
          como controlar a los de fuera. Y a veces más
          difícil.

IVÁN   Fíjate lo difícil que lo tenía Janet Müller con
          su hija.

NICOLE   Por ejemplo. ¿Dónde está?

IVÁN   Creo que está viviendo en Suecia o Norue-
          ga, no sé. Con Malika, la intrigante.

NICOLE   Su mujer, ¿no? Se casaron.

IVÁN   No, su mujer, no. Su compañera. Una mujer
          la puede tener un hombre, y viceversa, pero
          no otra mujer. Es una cuestión de semánti-
          ca-gramática.

NICOLE   Vas para ideólogo. Pero tienes que aprender
          que la mano dura a veces es difícil, pero ne-
          cesaria.

IVÁN   ¿Tú no eras la dialogante?

NICOLE   Alguien tiene que asumir la función de Ja-
          net. Además, el diálogo ya no nos hace fal-
          ta, ahora hay que actuar.

          (IVÁN *la mira, interrogante.*)

IVÁN   He leído un par de escritos suyos. Y en mu-
          chas de las cosas que decía coincide contigo.

No estabais tan distantes como luego se ha dicho. Me gusta su forma de escribir.

NICOLE   Janet y yo estábamos de acuerdo en todo. Pero yo sabía llevarlo a cabo, y ella no. Por eso tuve que matarla (IVÁN *la mira, sorprendido.*) En defensa propia.

IVÁN   Parecía una mujer muy decida, antes de volverse loca.

NICOLE   En el fondo fue la mejor solución y le estoy agradecida por habérmela puesto en bandeja. Era ella o yo. Matarla fue una liberación, no me importa reconocerlo y no me ha quitado el sueño ni un segundo… (IVÁN *la mira en silencio.*) ¿Te escandaliza lo que te digo, Iván? (IVÁN *niega con la cabeza.*) Porque además hay que saber cuándo ser duro. La estrategia es fundamental. Y a veces implica retrocesos, disimulos, pactos… Pero quien quiere hacer algo grande debe conseguir el poder suficiente para hacerlo.

IVÁN   Nosotros ya tenemos el poder para hacer cosas.

NICOLE   (*Sonríe.*) Sí, pero necesitamos más, Iván. No podemos ser un gobierno más. Hay que cambiarlo todo, ¿comprendes?

IVÁN   ¿El supremo?

NICOLE   El supremo, el constitucional, el consejo. Te-
           nemos que hacernos con el control de las
           fuerzas de seguridad. De los ministerios. Y,
           en última instancia, de la gente.

IVÁN   ¿De la gente?

NICOLE   La Nación, Iván, es mucho más importante
           que el pueblo. El pueblo es una muchedum-
           bre pasajera e influenciable. La Nación está
           formada por algo mucho más amplio que el
           pueblo. Los que estuvieron antes, los que
           vendrán. Es una idea, un espíritu. El pueblo
           no tiene capacidad de decidir sobre la Na-
           ción, a no ser que llegue a identificarse con
           ella. Si no, lo único que puede hacer es arrui-
           narla, y eso hay que evitarlo a toda costa.
           ¿Comprendes? A toda costa. Cuarenta años
           de concesiones, paños calientes e intereses
           locales, dan al traste con cualquier pueblo.
           El concepto de soberanía popular, Iván, es
           un concepto asqueroso. La única soberanía
           que trasciende es la de la Nación. Restaurar-
           la es nuestra misión.

IVÁN   ¿De quién?

NICOLE   Tuya y mía, fundamentalmente.

           (IVÁN *ríe sin saber bien cómo tomarse esto úl-*
           timo.)

IVÁN   ¿Estás de broma, no?

NICOLE   (*Sonríe.*) Afortunadamente, hijo, esto no ha hecho más que empezar.

            Fin.

Esta primera edición de *patriotas*,
de Julio Salvatierra, terminó de imprimirse
en diciembre de dos mil veinticinco,
en Madrid.